Sebastian Huncke • Simone Paganini

WER ZUR HÖLLE IST DER TEUFEL?

Sebastian Huncke • Simone Paganini

WER ZUR HÖLLE IST DER TEUFEL?

Die Faszination des Bösen in Bibel und Geschichte

HERDER

FREIBURG · BASEL · WIEN

MIX
Papier | Fördert gute Waldnutzung
FSC® C014496

www.herder.de

Umschlaggestaltung: Sabine Hanel, Gestaltungssaal, Rohrdorf
Umschlagmotiv: Christian Wischnewski, Berlin

Die Übersetzungen der Zitate aus Bibel, Koran und antiken Quellen sind von den Autoren eigenhändig angefertigt.
Einzelne Textpassagen von Sebastian Huncke sind zuerst in seinem Buch *Dämonenhonig. Von Menschen und Monstren* (Eine kulturwissenschaftliche Betrachtung), Verlag Lektora 2019, erschienen. Wir danken dem Verlag Lektora für sein freundliches Einverständnis.

Zeichnungen: Christian Wischnewski, Berlin
Satz: Daniel Förster, Belgern
Herstellung: GGP Media GmbH, Pößneck
Printed in Germany

ISBN Print 978-3-451-03344-5
ISBN E-Book 978-3-451-83037-2

INHALT

Die Eigenschaften des Teufels: Eine Einführung

In einer seiner ersten Stellungnahmen nach dem Tod von Papst emeritus Benedikt XVI. sprach dessen persönlicher Sekretär, Erzbischof Georg Gänswein, einen Satz aus, der viele überraschte, den aber in seiner Wirkmächtigkeit nur wenige wirklich verstanden. Josef Ratzinger habe – so der Monsignore – gegen den Teufel im Vatikan gekämpft. Dabei gibt Georg Gänswein auch einen sehr schönen Einblick in die philologische Herkunft der Bezeichnung »Teufel«, was, von dem griechischen Verb *diabállo* abstammend, so etwas wie »derjenige, der spalten will« bedeutet. Monsignore Gänswein stellte sich dabei – hoffentlich – keine rötliche Gestalt mit Hörnern und Fledermausflügeln vor, die auf Ziegenfüßen durch die Hallen des Vatikans spaziert. Ein durch Gänsweins Satz wohl etwas verwirrter Journalist der großen italienischen Tageszeitung *La Repubblica* versuchte, dessen Aussage auf zwischenmenschliche

Auseinandersetzungen zu reduzieren. Er verstand den Teufel als Metapher, als Bild für die Gegner des ehemaligen Papstes oder für Kräfte, die angeblich den Monolithen der katholischen Kirche auseinanderbrechen wollten. Mit einem etwas gezwungenen Lächeln sprach er den Erzbischof darauf an, in der Hoffnung, diesen sogenannten Teufel ein wenig konkreter fassen zu können. Als Journalist wollte er dem ehemaligen Sekretär des Papstes natürlich die Namen gewichtiger Prälaten der römischen Kurie entlocken, die Josef Ratzinger das Leben besonders schwer gemacht hatten. Doch Georg Gänswein blieb ernst. Er schaute den Journalisten an und wiederholte nach einem kurzen Moment der Stille: »Es war der Teufel.«

Monsignore Gänswein ist mit Sicherheit nicht der Einzige innerhalb der katholischen Kirche, der an den Einfluss des Teufels auf die Menschheitsgeschichte glaubt. Eine derartige Vorstellung hat ohne großen Erklärungsbedarf auch Einlass in den Katechismus gefunden. Auch im Judentum und vor allem im Islam spielt der Höllenfürst eine gewaltige Rolle. Doch zeigen Nachrichten von satanistischen Ritualen immer wieder, dass der Teufel keine Exklusivgestalt von bestimmten religiösen Gemeinschaften ist. Im Gegenteil, in den letzten Jahren erlebt der Teufel eine regelrechte Wiederentdeckung, auch in der Pop-Kultur. Erfolgreiche Fernseherserien und Bestseller-Romane befassen sich mit modernen Formen des Teufels. Zunehmend sind in den letzten Jahren neben einigen TV-Dokumentationen auch mehrere wissenschaftliche Studien und erfolgreiche populärwissenschaftliche Abhandlungen zu diesem Thema publiziert worden. Von okkultistisch-esoterischen Schriften bis hin zu regelrechten »Biografien« des Teufels findet man sehr viel Material im Handel und im Netz.

Die verschiedenen Kirchen haben in Predigten und Katechesen sehr häufig Dämonen und Teufel als Mittel gebraucht, um den Menschen Angst einzujagen und sie empfänglicher für ihre eigene Botschaft zu machen. Doch obwohl inzwischen seit Jahren die Anzahl der Christen massiv zurückgeht, lässt sich beobachten, dass die Anzahl der Menschen, die an eine reale Existenz des Teufels glauben, erstaunlich stabil bleibt. In Deutschland hat sich eine Quote um die 25%-Marke etabliert – zumindest laut einer Statistik aus dem Jahr 2021, die vom *Spiegel* in Auftrag gegeben wurde. Es gilt: Je höher der Bildungsgrad, desto geringer die Bereitschaft, an Teufel, Dämonen und die Hölle zu glauben (bei Personen mit Abitur sind es etwa 16%). Bei Muslimen und Mitgliedern von Freikirchen ist dieser Glaube deutlich häufiger vertreten (40%) als bei Katholiken und Protestanten (20%).

Natürlich hat eine solche Erhebung nicht die Möglichkeit zur Differenzierung. Sie pauschalisiert, und so ist es beinahe unmöglich herauszufinden, was für ein Teufelsbild sich tatsächlich hinter der Aussage »Ich glaube, dass es einen Teufel gibt« verbirgt.

Der Teufel ist – auch wenn manche Menschen ihn ganz real wahrnehmen und ihn sich extrem plastisch und haptisch vorstellen – vor allem eine Projektionsfläche. Das wird in den Quellen, die uns von der Antike über das Mittelalter bis in die Frühe Neuzeit zur Verfügung stehen, deutlich. Auch hat er ursprünglich kein durchweg negatives Image. Erst mit der Zeit sammeln sich in der Teufelsgestalt alle bösartigen Eigenschaften, mit denen die Menschen in den jeweiligen Epochen konfrontiert sind.

Es überrascht daher nicht, dass für eine westlich, europäisch geprägte Gesellschaft, die in den letzten Jahren von zahlreichen Krisen geplagt wurde – Flüchtlinge, Klima, Pandemie, Krieg, um die großen zu nennen – der Teufel als Erklärungsmöglichkeit wieder ins Spiel kommt. Besieht man sich die Geschichte des Teufels von Anfang an, wird schnell deutlich, dass dieses Phänomen nichts Neues ist. Sie beginnt mit den ersten Versuchen, das Böse in der Welt zu erklären, was die Menschen im Alten Orient in Bild und Schrift festhielten und was im Judentum und Christentum durch die »Erfindung« des Ein-Gott-Glaubens und des einen widergöttlichen Prinzips weiterentwickelt wurde. Ein kleines Buch mit dem Titel *Das Testament des Salomo* lieferte in der Spätantike die erste systematische Darstellung der dämonischen Hierarchie und sprach von einem Ring, der die Dämonen kontrollieren könnte. Damit war der Startschuss für den modernen Okkultismus, die Dämonologie und den Satanismus gefallen.

Das vorliegende Buch hat nicht den Anspruch, eine neue »Biografie des Teufels« zu schreiben oder eine wissenschaftlich systematische Darstellung zum Thema »Teufel« und seiner Eigenschaften zu geben. Es versteht sich auch nicht als historisch-soziologische Studie zur Teufelsgestalt und schon gar nicht als Leitfaden zum tieferen Verständnis von Okkultismus und Dämonenlehre. Dieses Buch nähert sich der Thematik aus einer etwas anderen Perspektive: der Betrachtung seiner mannigfaltigen Erscheinungsformen und Eigenschaften, die durch die Menschen, ihre Taten und ihre Lebenswelt im Laufe der letzten 2500 bis 3000 Jahre geprägt worden und in ihre Vorstellungen eingegangen sind.

So wurde der Teufel als ursprünglich und weiblich, als trügerisch und unsicher, monströs, anklagend, gefährlich und manipulativ, aber auch als magisch, paranoid, besessen, risikobereit, tierisch, abwertend oder auch als verführerisch und anklagend, gestaltenreich und organisiert, beheimatet und ja, sogar als erlösend beschrieben. Der Teufel fasziniert und bleibt stets eine geheimnisvolle Entität, die sich nicht mit gewöhnlichen Kategorien beschreiben lässt. Denn die Vielfältigkeit des Teufels erklärt sich vor allem in der Art und Weise, wie die Menschen ihn zu verstehen versuchen, wie er von ihnen wahrgenommen und rezipiert wird.

Aus diesem Grund endet dieses Büchlein mit einem Gespräch der beiden Autoren, einem Historiker und einem Theologen. Und trotz unterschiedlicher Methoden im Zugang zu den Quellen sowie in ihrer Beschreibung und Auswertung bleibt vieles unausgesprochen und kann lediglich erahnt werden. So bleibt es letztendlich dem Einzelnen überlassen, sich sein eigenes Bild von dieser furchterregenden und zugleich faszinierenden Gestalt zu machen: Wer zur Hölle ist der Teufel?

1. URSPRÜNGLICH UND WEIBLICH

Auf den Rücken zweier Löwen steht eine weibliche Figur. Ihr dominanter Blick zieht den Betrachter sofort in ihren Bann. In zwei Zöpfen geflochten fällt ihr langes dunkles Haar auf die Schultern herab. Ihren Kopf schmückt eine Krone mit acht Hörnern – ein Zeichen ihrer zerstörerischen Macht. In ihren ausgebreiteten Händen hält sie die Herrschaftssymbole, einen Ring und einen Stab. Statt Füßen hat sie Krallen wie ein Raubvogel und die herabhängenden, ursprünglich mehrfarbigen Flügel umschmeicheln ihren wohlgeformten nackten Körper. Flankiert wird die Frauengestalt von zwei Eulen, die zusammen mit den beiden liegenden Löwen den Eingang zum Totenreich bewachen. Der schwarze Hintergrund verlegt die Szene auf dem brillant bearbeiteten Terrakottarelief in die dunkle Nacht, wo die Dämonin ihre Macht ausüben kann. Ihr anmutiger, schlanker Körper betont zudem die sexuelle Gefährdung, die von ihr ausgeht.

Es handelt sich um eine der ältesten Darstellungen einer Wüstendämonin. Sie stammt aus der altorientalischen Welt und wurde um 1800 v. Chr. auf dem sogenannten Burney-Relief festgehalten. Dies hat zumindest die Thermolumineszenz-Untersuchung ergeben, die vor einigen Jahren im British Museum in London durchgeführt wurde. Meist wird diese schön und verführerisch dargestellte Frau als Ereškigal, Herrin der sumerischen Unterwelt, gedeutet.

Obwohl Ereškigal gefährlich ist, ist sie nicht mit dem Teufel, wie er in unserer heutigen Vorstellung existiert, gleichzusetzen. Andersherum aber haben Darstellungen wie die zuvor beschriebene ihren Anteil an unserem heutigen Bild vom Teufel. Als sich nämlich etwa zwei Jahrtausende später zuerst jüdische und später christliche Theologen bemühten, *ihren* Teufel auch physisch zu beschreiben, spielten die mesopotamischen Vorstellungen mit ihrem reichhaltigen und fantasievollen Material eine große Rolle.

BÖSE KRÄFTE IM ALTEN ORIENT

Zunächst gilt: Sumerische und später auch assyrisch-babylonische Dämonen sind gezeugt bzw. wurden erschaffen. Die beiden Hauptgottheiten Anu und Ki, Himmel und Erde, haben sie als Helfer und Helferinnen ins Leben gerufen, um das Gleichgewicht auf der Erde zu bewahren. Dämonen sind auch grundsätzlich für die Einhaltung der Gerechtigkeitsprinzipien zuständig, sie können dementsprechend Positives bewirken und beispielsweise besonders geplagte Menschen schützen und unterstützen. Solche Fälle bilden jedoch die Ausnahme. Im Normalfall treten Dämonen immer dann in Erscheinung, wenn die Bestrafung von bösen Menschen auf unterschiedlichste Art und Weise ansteht; sei es durch Krankheit, Gift, Schlaflosigkeit, sonstige qualvolle geistige Zustände oder natürlich den Tod.

Die Vielfalt an Strafen bedingt auch die mannigfaltigen Formen, in denen diese Dämonen unter den Menschen aktiv werden. Die größte und mächtigste Gruppe ist die der Utukku.

Überliefert ist sie in einem Abwehrzauber, der sicherheitshalber (man kann ja nicht wissen, welche Sprache ein Dämon versteht!) zweisprachig, in Akkadisch und Sumerisch, aufgeschrieben wurde. Er beschreibt ein Utukku als bösartig und von einschüchternder Statur: »Obwohl er kein Gott ist, ist sein Geschrei groß und seine Ausstrahlung unermesslich, er ist dunkel, sein Schatten ist pechschwarz, und in seinem Körper gibt es kein Licht, er versteckt sich immer [...]. Seine Klauen triefen von Galle, er hinterlässt Gift in seiner Spur [...], in allen Ländern kann sein Kampfschrei nicht zurückgehalten werden.«

Weitere Dämonen sind die Asakku. Sie können mit ihrem Atem vor allem Fieber und Krankheiten auslösen. Die sogenannten Alu stören den Schlaf, während die Gallu vor hinterhältigem Mord und brutalen Bluttaten nicht zurückschrecken. In der altorientalischen Mythologie treten solche bösen Geister meist in Siebenergruppen auf. Zudem sind sie unsichtbar, wenngleich oft ein gewaltiger Gestank ihre Anwesenheit verrät.

Tatsächlich haben die meisten Dämonen ursprünglich keinen individuellen Namen. Im Laufe der Zeit haben sich jedoch einige Gestalten derart profilieren können, dass sie sowohl ikonographisch als auch literarisch bezeugt sind und somit die Vorstellungen der Nachwelt maßgeblich beeinflussen konnten. Es handelt sich um Mischwesen, die zwar menschenähnlich sind, aber physische und andere Eigenschaften aus der Tierwelt aufweisen. Darunter Namtar, der manchmal als Ehemann, manchmal als Stellvertreter der Herrin der Unterwelt Ereškigal erwähnt wird und die vernichtende Sonnenhitze verkörpert. Ihm werden nicht nur Brände, Dürren und Hungersnöte, sondern auch Mensch und Vieh heimsuchende Seuchen und Krankheiten angedichtet. Neben Namtar steigt ab dem ausgehenden zweiten Jahrtausend vor Christus der furchterregende Pazuzu zum Oberhaupt der dämonischen Kräfte der Unterwelt auf. Bereits wenige Jahrhunderte später ist Pazuzu ikonographisch derart standardisiert, dass er mit keiner anderen dämonischen Gestalt verwechselt werden kann. Mitten in seiner menschlichen Gesichtsform prangt eine Hundeschnauze und seine Augen und sein Mund verzerren alles zu einer boshaften Fratze. Auch er hat anstelle von Füßen die Fänge eines Raubvogels und dazu passend zwei Flügelpaare; anstelle von Händen Raubtierpranken. Sein Körper ist wie der einer Schlange von Schuppen bedeckt; ja, seinen erigierten Penis krönt sogar ein Schlangenkopf. Sein Schwanz ähnelt dem eines Skorpions, inklusive Giftstachel. Nicht nur, dass Pazuzu alle Merkmale gefährlicher Tiere in sich vereint, er verkörpert auch die eines Windgeistes: Er weht von Südwesten heran, ist daher warm und trocken und verursacht Dürre. In seinem Gefolge sind häufig Heuschreckenschwärme, die ihrerseits alles kahl fressen. Ob so oder so, die Folge sind Hungernöte.

Paradoxerweise verleiht ihm seine einzigartige Autorität auch die Befehlsgewalt über die Mächte des Bösen. Daher ist er häufig auf Abwehramuletten oder Fluchtäfelchen abgebildet. Man wendet sich an ihn als Fürsprecher gegen die Attacken anderer Krankheitsdämonen. Vor allem aus dem 8. und 7. Jh. v. Chr. sind große bronzene Pazuzu-Darstellungen erhalten, die vermutlich im Wohnbereich oder in der Nähe der Eingangstüren von Häusern angebracht waren. Archäologen haben darüber hinaus eine große Anzahl von Amuletten, Siegeln und Fibeln mit dem Abbild seines charakteristischen Kopfes gefunden. Denn: Für einen sicheren Schutz war das ständige Tragen einer Pazuzu-Darstellung unverzichtbar.

GRAUSAME GOTTHEITEN DER UNTERWELT

Die Unterwelt und insbesondere die damit verbundene Nacht ist das Reich, in dem Dämonen besonders schädlich sein können. Eine Gruppe von Geistern der Dunkelheit hat eine besonders beeindruckende Wirkungsgeschichte. Sie stammen aus der altorientalischen Mythologie und beeinflussen die Teufelsvorstellungen bis heute. Das Einflussgebiet der drei Gestalten dieser Gruppe ist das Stören bei Zeugung, Geburt und Sterben. Sie bevorzugen die Nacht für ihre schadenbringenden Tätigkeiten und haben ähnliche Namen. Nach mesopotamischen Vorstellungen personifizieren die weiblichen Geister der Lilitu und der Ardad-Lili, sowie deren männliches Gegenüber Lilu, die Bedrohlichkeit, welche die Menschen mit der Nacht und der Dunkelheit assoziierten. Die drei sind eigenständige Wesen ohne familiäre Verbindungen und sie sind vor allem darauf bedacht, die Beziehungen zwischen Menschen zu zerstören.

Unangefochtene Herrscherin der Unterwelt ist und bleibt aber Ereškigal. Wie eine Tyrannin herrscht sie in der Unterwelt, befehligt sieben Totenrichter und eine unendliche Schar von Dämonen. Unter den Menschen verbreitet sie Unfrieden, Krankheit und Tod. In dieser besonderen Position verwundert es nicht, dass Ereškigal als Nebenfigur in einer mesopotamischen Erzählung auftaucht, welche die biblische Schöpfungsgeschichte maßgeblich beeinflusst hat: Es wird überliefert, dass sich die Götter zu Beginn der Schöpfung, als die Erde erschaffen wurde, um ihre Zuständigkeiten stritten. Inmitten der jungen Welt wurde deshalb in einem heiligen Garten ein Baum gepflanzt, der mit Wurzeln, Stamm und Krone die Aufteilung der Wirkungsebenen – Unterwelt, Erde und Himmel – symbolisierte. Später wollten die Götter diesen sogenannten Huluppu-Baum fällen, um aus seinem Holz die Insignien der Himmelsgötter – die als Sinnbild für die Kulturwelt zu verstehen sind – anzufertigen. Dafür mussten alle Tiere, die in der Zwischenzeit im Baum ihr Zuhause gefunden hatten, zum Beispiel der Vogel Anzu, der Geist Lilith und eine Ereškigal treu ergebene Schlange, weichen. Während Anzu und seine Vogelkinder den Baum verließen, weigerte sich die Schlange, ihr Nest, welches sie in den Wurzeln des Baumes gebaut hatte, zu verlassen. Aus dem Kampf zwischen der Schlange als Dämonin der Dunkelheit und dem Sonnengott Utu ging Letzterer schlussendlich als Sieger hervor. Die Schlange und Lilith mussten, trotz Unterstützung der Göttin der Dunkelheit, den Baum als Lebensraum aufgeben und bewohnen seither unerschlossenes Gebiet.

Die Schlange stellt sich als Vertreterin Ereškigals der kulturellen Entwicklung der Menschheit entgegen und versucht aktiv, deren Entfaltung zu boykottieren. Einige Jahrhunderte später wird innerhalb der jüdisch-christlichen Religion die Vorstellung vom Teufel als Ankläger und Stolperstein im Weg der Menschheit ein wichtiges Element werden. Auch das Motiv, dass der Teufel nicht unbedingt selbst agiert, sondern sich von anderen diabolischen Wesen, wie etwa der Schlange, helfen lässt, ist hier bereits angelegt. Und wie die Schlange im mesopotamischen Mythos wird auch der jüdisch-christliche Teufel am Ende besiegt.

Lassen sich an dieser Stelle auch die Details sehr gut einander gegenüberstellen, so ist grundsätzlich die Vorstellung doch sehr alt, dass sich der Gott oder die Göttin der Dunkelheit einen Kampf mit dem Gott oder der Göttin des Lichts und des Himmels liefert. Dies ist auch in der mythischen Tradition aus der Stadt Ugarit, deren reichhaltige Kultur erst 1929 wiederentdeckt wurde, belegt. Der den Tod verkörpernde Gott Mot wird stets im Kampf mit Baal, dem Gott des Lebens und der Fruchtbarkeit, dargestellt. Mot ist gefräßig, er verschlingt alle Lebewesen, die ihm in den Weg kommen, und bringt Dürre und Unfruchtbarkeit über das Land. Das Böse ist nicht nur den Dämonen vorbehalten, auch gute Götter können Unheil anrichten, entscheidend ist die Perspektive des Betrachters. Dass der in Ugarit noch positive Gott Baal in der jüdischen Tradition zum Anti-Gott schlechthin gewandelt wurde und als Baal-Pegor oder Baal-Zebub später sogar zum Namensgeber teuflischer Gestalten wurde, zeigt einmal mehr die evozierende Kraft dieser alten Mythen.

DIE FRAU ALS VERKÖRPERUNG DES BÖSEN

Das Böse ist vielfältig in seinen Darstellungsweisen, und ebenso vielfältig ist die Wahrnehmung durch den Menschen. Das ist der Grund dafür, dass die auf dem eingangs beschriebenen Burney-Relief dargestellte Figur nicht nur als Ereškigal interpretiert wird. Einige Forscher sind der Ansicht, dass es sich bei der Figur um eine Darstellung von Ereškigals Schwester Ištar handelt. Sie war die mächtigste Göttin im altorientalischen Pantheon und galt als Göttin der Fruchtbarkeit. Dank ihrer Verführungskünste hatte sie häufig auch da noch Erfolg, wo alle anderen Götter bereits gescheitert waren. Lediglich ihre Schwester Ereškigal war eine zu mächtige Gegnerin für sie, denn die weibliche Dämonin (die, nebenbei bemerkt, oft in Schlangenform dargestellt wird) war den guten Göttern stets überlegen. Diese Erzählung ist bemerkenswert, denn normalerweise überliefern die altorientalischen Mythen den Sieg des Guten über das Böse.

Ein weiterer auffälliger Aspekt ist, dass in der mesopotamischen Welt viele dämonische Gestalten weibliche Züge tragen. Neben Ereškigal ist beispielsweise die assyrische Dämonin Lamaštu. Auf einem etwa zwölf Zentimeter großen Amulett aus dem 9. Jh. v. Chr. wird sie sehr detailverliebt dargestellt. Das Amulett sollte den Träger vor den Machenschaften der Dämonin schützen. Heute ist es im British Museum in London zu bestaunen. Ihr Abbild hält Schlangen in den Händen, hat den Kopf einer Löwin und an ihren Brüsten saugen ein

Schwein und ein Hund. Auch sie hat Klauen wie ein Raubvogel, dazu reitet sie auf einem galoppierenden Esel. Lamaštu war ursprünglich eine Windgöttin, die aus der Göttergemeinschaft vertrieben wurde und fortan aus Rache ihr Unwesen auf der Erde trieb. Diese Motive der Vertreibung aus dem Himmel und das zerstörerische Handeln auf der Erde finden sich auch in der Vorstellung des christlichen Teufels als gefallenen Engel wieder. Die bevorzugten Opfer der Lamaštu waren unschuldige Lebewesen, besonders häufig tötete sie Kinder durch Fehlgeburten, Fieber oder sonstige Krankheiten. Babylonische Traditionen gehen davon aus, dass sie sich als falsche Amme ausgab und die Kinder raubte, um sie anschließend durch ihr Gift zu töten. Durch Rückgriff auf Amulett-Täfelchen und Abwehrsprüche, die archäologisch zahlreich belegt sind, sollte ihr schädlicher Zauber abgewehrt werden. Ein solcher Abwehrspruch aus assyrischer Zeit beschreibt ihr Erscheinungsbild besonders plastisch: »Sie ist wütend, sie ist wild, sie ist gefährlich, sie verbreitet Schreckensglanz. [...] Ihr Haar ist wirr, ihr Lendenschurz zerrissen. [...] Ihre Hände triefen von Fleischfetzen und Blut. Sie kommt zum Fenster herein, auf dem Bauch kriechend wie eine Schlange.«

Aus der Vermischung von Ereškigal und Lamaštu entstand höchstwahrscheinlich die Figur der Lilith, eine Dämonin, die wie keine andere die christliche Ikonographie und die christliche Vorstellung des Teufels beeinflusste. Lilith findet Erwähnung in der Bibel: Ein einziges Mal spricht das Buch des Propheten Jesaja (Jes 34,14) von ihr. Das jedoch reichte aus, um die Fantasie von zahlreichen (männlichen) Interpreten so zu beflügeln, dass die Weiblichkeit plötzlich zu einer ganz wesentlichen und Verderben bringenden Eigenschaft des Teufels wurde. Im Jesajabuch wird eine postapokalyptische Vision des Landes Edom entworfen, nachdem es von Gott zerstört worden ist. In den Ruinen treiben etliche dunkle und unreine Kreaturen ihr Unwesen; insbesondere Schakale, Strauße, Hyänen, Bockgeister, Schlangen und Wüstenhunde. Unter ihnen ist auch eine gewisse Lilith. Sie wird als eine Art Nachtdämonin der Wüste vorgestellt.

Die Rabbiner, welche die Texte des Babylonischen Talmud – ein wichtiges Buch des Judentums – verfassten, betonten vor allem die sexuelle Gefahr, die von Lilith ausgeht: »Einer soll nicht in einem Haus allein schlafen, und wer in einem Haus allein schläft, wird von Lilith verführt.« (Traktat *Shabbat* 151b). Lilith gilt jedoch nicht nur als Verführerin der Männer, sondern ist auch als Gefahr für Neugeborene besonders gefürchtet. Jedoch machen allein ihre Verführungskünste aus ihr das Sinnbild einer offensiven, ungezügelten weiblichen Sexualität, die in einer von starren patriarchalischen Strukturen geprägten Gesellschaft natürlich als Bedrohung erlebt worden ist. Die Sexualisierung der Lilith gipfelt in der Vorstellung, dass sie die erste Frau Adams gewesen sei, die ihn verließ, als dieser sich ihr sexuell nicht unterwerfen wollte.

Als die Kabbala – eine mystische jüdische Strömung im Mittelalter – Lilith als Mischwesen aus Frau und Schlange darstellte, war der entscheidende Schritt zur Verteufelung der Frau getan. In der Bibel wird nämlich erzählt, dass zu Beginn der

Schöpfung eine Schlange die erste Frau verführt hatte. Doch das Vergehen, eine Frucht von dem verbotenen Baum im Garten Eden zu essen, erschien den jüdischen und christlichen Denkern des Mittelalters relativ harmlos. Für sie war unzweifelhaft, dass die Sünde der ersten Menschen, auf die immerhin eine gewaltige Strafe Gottes folgt (zusätzlich zur Vertreibung aus dem Paradies muss seitdem der Mann schweißtreibende Arbeit leisten und die Frau eine schmerzhafte Geburt ertragen), eine schwerwiegendere Ursache gehabt haben musste. Einen ersten Hinweis für ebendiese Ursache fanden die Gelehrten in der Frucht, die Eva und Adam verbotenerweise aßen. Im biblischen Text handelt es sich nämlich nicht um einen Apfel, wie es in der späteren mittelalterlichen Tradition überliefert wurde, sondern um eine zunächst nicht näher identifizierte Frucht am »Baum der Erkenntnis«. Weil aber das hebräische Wort »erkennen« auch für den Geschlechtsakt gebraucht wurde, lag die Schlussfolgerung nahe, die erste Sünde müsse im Geschlechtsverkehr zwischen Adam und Eva bestanden haben. Diese Erklärung reichte zunächst aus, denn Sexualität wurde schon an sich als etwas Negatives gesehen. Irgendwann setzte sich jedoch eine andere Deutung aus der jüdischen Tradition durch, bedeutende christliche Denker wie die Kirchenväter Irenäus von Lyon oder Melito von Sardes übernahmen sie sogar wortwörtlich. Da im Text nur die Frau mit der Schlange spricht und als Erste von der verbotenen Frucht der Erkenntnis kostet, leitete man ab, Eva müsse mit der Schlange eine sexuelle Beziehung eingegangen sein [s. Kap. 2].

Die Symbolik, mit der die Schlange hier in Verbindung gebracht wird, war sowohl aus der ägyptischen als auch aus der mesopotamischen Mythologie bekannt: Eine Gottheit in Schlangenform – und auch die Schlange selbst – stand für Weisheit, Leben und Heilung, gleichzeitig auch für Gefahr, Tod und Sterben. Insbesondere wurde die Schlange mit Gottheiten der Fruchtbarkeit, aber auch jenen der Wollust und sexuellen Anziehungskraft in Verbindung gebracht. Eva musste also nicht nur mit der Schlange gesprochen, sondern auch mit ihr geschlafen und von ihr ein Kind empfangen haben, so die Schlussfolgerung; die Verbindung von Frau und (Schlangen-) Dämon war damit endgültig vollzogen.

Die Religionen der altorientalischen Welt deuteten das mühsame Leben des Menschen voller Krankheiten, Epidemien, Hungersnöte und Kriege als ein Werk unheimlicher, lebensbedrohlicher Mächte. Diese greifen willentlich in den Lebenslauf des Menschen ein und stören ihn, locken ihn mit Versprechungen und führen ihn in schöner Gestalt in Versuchung.

All diese Eigenschaften bleiben erhalten in der Figur des Teufels, die sich später im Juden- und Christentum entwickeln wird. Und so wie diese, aus einer zutiefst patriarchalischen Gesellschaft stammenden, Vorstellungen erhalten bleiben, so auch jene, dass weibliche Dämonen ganz besonders gefährlich sind – denn sie missbrauchen ihre Sexualität, um den Männern Fallen zu stellen. Einem männlichen Bösewicht kann man manchmal noch widerstehen, doch eine weibliche Dämonin – hat sie den Menschen einmal in ihren Fängen – ist beinahe unbezwingbar. Ein Gedanke, der im Laufe der Geschichte für viele Frauen verheerende Folgen hatte.

2. VERFÜHRERISCH UND ANKLAGEND

Das Leben Adams und Evas, eine jüdisch-apokryphe Schrift, stammt aus dem 1. Jh. n. Chr. und wurde später von christlichen Autoren überarbeitet. Sie enthält viele Details zum Leben des ersten Menschenpaares, die so in der Bibel nicht vorkommen. Darüber hinaus erfährt man, warum der Teufel, der eigentlich in der gesamten biblischen Tradition ein enger Mitarbeiter Gottes gewesen ist, aus dem Himmel verstoßen und auf die Erde hinabgestürzt wurde.

Die lateinische Fassung des Werkes beginnt mit einem Bußakt Adams und Evas nach dem Sündenfall. Geschildert wird auch, wie Adam dem Teufel außerhalb des Gartens Eden begegnet. Als die beiden ins Gespräch kommen, erklärt der Teufel, dass er von Gott im Zorn verstoßen wurde, als er sich weigerte, den Menschen als Ebenbild Gottes anzubeten: »Ach, Adam, meine ganze Feindschaft, mein Neid und Schmerz geht gegen dich, weil ich um deinetwillen vertrieben wurde, ich bin meiner Herrlichkeit beraubt worden, die bei den Engeln ich im Himmel hatte, deinetwegen wurde ich auf die Erde hinabgestoßen.« (*Vita Adae et Evae*, 12) Der Engel Michael hatte das von ihm verlangt, doch der Teufel fühlte sich dem Menschen überlegen, schließlich sei er auch früher erschaffen worden. Als Gott ihn daraufhin zur Strafe in die Welt hinunterwarf, trauerte der Teufel um die verlorene Vision von der Herrlichkeit Gottes. Anstatt sich aber zu besinnen und um Entschuldigung zu bitten, traf er eine gänzlich andere Entscheidung, die er, nicht ohne eine gewisse Genugtuung, nun Adam mitteilt: »… mit List umgarnte ich deine Frau und bewirkte, dass du durch sie von diesen Freuden und Wonnen vertrieben wurdest, gleich wie ich von meiner Herrlichkeit vertrieben wurde.« (*Vita Adae et Evae*, 16)

DER GEFALLENE ENGEL

Die Annahme, dass die Schlange, von der Eva im Garten Eden in Versuchung geführt wurde, der Teufel sein könnte, ist in der christlichen Tradition tief verankert – so tief, dass diese Vorstellung sogar Eingang in den Katechismus der katholischen Kirche gefunden hat. Obwohl im Originaltext des Buches Genesis nichts vom Teufel zu lesen ist, haben sich jüdische und später auch christliche Gelehrte jahrhundertelang mit dem Ursprung und der Beschaffenheit dieses Wesens beschäftigt. Bleibt man beim biblischen Text (Gen 3), ist die Schlange wirklich nur ein einfaches Tier; sie wird nirgends mit einem Dämon in Verbindung gebracht. Darüber hinaus ist sie ein sprechendes Tier, was die ganze Erzählung des Sündenfalls in der Gattung der Märchen verortet.

Doch die religionsgeschichtlichen Entwicklungen sind komplex und die Schlange wurde schon sehr früh als widergöttliche Kreatur wahrgenommen. Das hängt sehr wahrscheinlich mit der Tatsache zusammen, dass sie in der ägyptischen und in den mesopotamischen Religionen göttliche Züge aufwies. So wurde sie zum Sinnbild von Gottes Widersacher. Und als solches Tierwesen, das nach der göttlichen Bestrafung auf dem eigenen Bauch kriechen muss, erweckte es das Interesse der Gelehrten, die sich mit ihm beschäftigten. Man stellte sich eine Urschlange mit Füßen vor oder – wie im Bibelkommentar des Rabbi Eliezer aus dem 8. Jh. n. Chr. – ein behaartes, kamelartiges Wesen, das als Reittier eines Teufels namens Samael diente. In hellenistischer Zeit dann entstand das biblische Weisheitsbuch. Zu dessen Beginn heißt es: »Wegen des Neids des Teufels ist der Tod in die Welt gekommen.« (Weish 2,24) Kommt die Schlange hier zwar nicht explizit vor, war für die gebildete jüdische Leserschaft der Bezug zur Genesisgeschichte aber klar ersichtlich.

Ganz unmissverständlich hingegen tritt die »alte Schlange« des Genesisbuches wieder im letzten Buch des Neuen Testaments in Erscheinung, in der Offenbarung des Johannes. Dort wird sie direkt mit dem Teufel gleichgesetzt: »… der große Drache, die alte Schlange, der Teufel und Satan genannt wird, der den ganzen Erdkreis verführt, wurde auf die Erde gestürzt.« (Offb 12,9) Auf der Erde darf die teuflische Schlange ihr Unwesen treiben, doch nicht lange; bereits im Genesisbuch ist ihr Untergang prophezeit: »Er (der Nachwuchs der Frau) wird dir (der Schlange) den Kopf zerquetschen!« (Gen 3,15), bis schließlich »der Drache, die alte Schlange, die der Teufel und der Satan ist, überwältigt« wird (Offb 20,2). Mit all seinen dämonischen Begleitern geht er in einem See von Feuer und Schwefel unter (Offb 20,10) und die Schöpfung wird in ihren ursprünglichen Zustand – also ohne Teufel und ohne Schlange – zurückversetzt [s. Kap. 7].

Man sollte nicht den Fehler machen, diese beiden Erzählungen unkommentiert hintereinanderzustellen: Bis sich die Vorstellung in der Johannesoffenbarung entwickelt hat, dauerte es sehr lange. Zwischen der Schlange im Buch Genesis und der Erzählung im Buch der Offenbarung liegen, je nach Datierungshypothese, 500 bis 800 Jahre! In diesem Zeitraum wurde das Bild von der Schlange als Teufel maßgeblich von anderen apokalyptischen Texten beeinflusst, in denen die Schlange ganz selbstverständlich als feindliche dämonische Macht identifiziert wird, wie zum Beispiel im eingangs erwähnten *Vita Adae et Evae* (*Das Leben Adams und Evas*). Hinzu kamen weitere Theorien und Erzählungen über den Ursprung des Teufels, die sich teilweise ganz unterschiedlich entwickelt hatten. Beispielsweise präsentieren sowohl das Buch Henoch, eine jüdisch-apokryphe Schrift aus dem dritten oder zweiten vorchristlichen Jahrhundert, wie auch das zur gleichen Zeit entstandene Buch der Jubiläen den Teufel als Gestalt, die ihren Ursprung als ein himmlisches Wesen hatte. Im Fall der sogenannten Wächter im Buch Henoch handelt es sich um eine Gruppe von Engeln, die mit menschlichen Frauen Unzucht getrieben hatten und deshalb dazu verdammt wurden, den Himmel zu verlassen und fortan auf der Erde zu wohnen. Im Buch der Jubiläen hingegen ist der Hauptteufel namens Mastema derjenige, der Gott darum bittet, auf der Erde sein Unwesen treiben zu dürfen, was ihm auch gestattet wird. Zur gleichen Zeit entsteht jene Erklärung für die Präsenz des Teufels auf der Erde, die sich durchsetzen wird: Der Sturz Satans aus dem Himmelreich als Strafe für ein nicht näher identifiziertes Vergehen. Dieses wird später in der Verweigerung der Anbetung des Menschen gesehen.

Eine solche »endgültige« Version der Geschichte wird in einer Schrift mit dem verheißungsvollen Titel *Die Schatzhöhle* aus dem 3. Jh. n. Chr. erzählt, die heute nur noch in einer syrischen Fassung aus dem 6. Jh. erhalten ist. Ähnlich wie in *Das Leben Adams und Evas* stritten sich die Engel nach der Erschaffung des Menschen auch in dieser Überlieferung darum, ob der Mensch als Ebenbild Gottes anzubeten sei. Als sich der Satan – natürlich noch als Engel – dem verweigerte, stürzte ihn Gott vom Himmel auf die Erde hinab, wo er aus Rache gleich die arme Eva verführte [s. Kap. 1].

Interessant ist zudem, dass es für die Vorstellung vom Sturz des Teufels nur einen einzigen biblischen Beleg gibt, und das ist eine wenig eindeutige und daher unter Bibelwissenschaftlern umstrittene Formulierung aus dem Buch des Propheten Jesaja: »Du bist vom Himmel gefallen, du strahlender Sohn der Morgenröte. […] Ja, in die Unterwelt bist du hinabgeworfen, in die äußerste Tiefe.« (Jes 14,12.15) Dass an dieser Stelle der König von Babylon verspottet wird und keineswegs der Teufel gemeint sein kann, störte die damaligen jüdisch-christlichen Theologen nicht. Sie sahen in diesem Text eine Anspielung auf den gefallenen Engel und so wurde diese Passage im Laufe der späteren Auslegung immer relevanter. Aufgrund der Anspielung auf den Morgenstern, der in lateinischer Übersetzung »Luzifer« genannt wird, wurde diese Stelle auch maßgeblich für den berühmtesten aller Teufelsnamen. Diese Version der Geschichte dürfte auch Jesus geläufig gewesen sein, wenn ihm im Lukasevangelium der Spruch in den Mund gelegt wird: »Ich sah den Satan wie einen Blitz vom Himmel fallen.« (Lk 10,18)

Es verwundert nicht, dass diese Erzählung nicht nur viele Christen beeindruckt hat. Auch im Koran wird sie an mehreren Stellen erwähnt (Sure 2,34; 7,11–18;15,26–44 u. 38,71–85).

DER FÜRST DER FINSTERNIS

Satan – so der Eigenname des gefallenen Engels im Neuen Testament – ist im Hebräischen zunächst ein einfaches Nomen und bedeutet »Hindernis«. Das Wort an sich hat also keine direkte Verbindung zum Bösen, Widergöttlichen oder gar Teuflischen. Fast scheint das Gegenteil der Fall zu sein, denn in der hebräischen Bibel ist grundsätzlich davon auszugehen, dass sowohl das Gute als auch das Schlechte von Gott stammt. Das ist die logische Folge des Ein-Gott-Glaubens, so wie es im Buch des Propheten Jesaja beschrieben ist: »Ich erschaffe das Licht und mache das Dunkel, ich bewirke das Heil und erschaffe das Unheil. Ich bin Gott, der das alles vollbringt.« (Jes 45,7) Einen Teufel braucht es zunächst nicht.

Wird das hebräische Wort *satan* als Verb verwendet, sind die handelnden Personen meistens ganz gewöhnliche Menschen, manchmal auch Boten oder sogar Berater Gottes – beispielsweise in der Episode des Sehers Bileam im Buch Numeri

(Num 22) oder zu Beginn des Buches Ijob (Ijob 1). Bileam ist Prophet einer fremden Gottheit und soll im Auftrag des Königs von Moab einen Fluch gegen Israel aussprechen. Als er sich mit seiner Eselin auf den Weg macht, versperrt ihm ein Engel Gottes dreimal den Weg. Die Handlung dieses Engels wird mit dem Verb *satan* beschrieben.

Zu Beginn des Ijob-Buches kommt ebenfalls ein »Satan« vor. Er gehört zum Kreis der engsten Vertrauten Gottes, ist sogar Teil seines Hofrates. Er hat zugegebenermaßen keine besonders nette Aufgabe: Er muss die Menschen anklagen. Doch diese Aufgabe erfüllt er sehr gewissenhaft und erscheint selbstverständlich vor Gottes Angesicht, redet mit ihm, berät ihn und schließt dann mit ihm eine – zumindest für den armen Ijob – folgenschwere Wette ab. Eine ähnliche Rolle spielt »Satan« auch in einer Vision des Propheten Sacharia (Sach 3), er agiert als Ankläger eines Menschen. An dieser Stelle wird »Satan« zum ersten und einzigen Mal in der Bibel als Eigenname erwähnt.

In all diesen Texten spielt der Satan noch eine relativ neutrale Rolle. Zum bösartigen Versucher und Verführer zu nicht gottgefälligen Taten entwickelt er sich erst in deutlich späteren Schriften der Bibel; sie alle stammen aus der griechischen Zeit. Aufgrund der unterschiedlichen Entstehungszeit ergeben sich auch Differenzen innerhalb der biblischen Texte: Während noch im zweiten Buch Samuel Gott selbst David anregt, eine verbotene und nicht gottgefällige Volkszählung durchzuführen (ihre Folgen sind verheerend: 70.000 Menschen müssen wegen einer Epidemie sterben (2Sam 24,1–15), wird im ersten Buch der Chronik, das ein paar Hundert Jahre später verfasst wurde, die gleiche Episode ganz anders erzählt: »Und Satan stellte sich gegen Israel und reizte David, Israel zu zählen.« (1Chr 21,1) Nicht mehr Gott, sondern der Satan ist nun für die frevlerische Handlung Davids verantwortlich. Diese neue Überzeugung wird ansonsten vor allem in jüdischen Schriften entwickelt, die nicht Teil der offiziellen Bibel wurden. Neben dem souverän agierenden Gott, der positiv und gerecht die Welt regiert, treten immer häufiger andere himmlische Kräfte auf.

Die Gemeinderegel, eine Schrift aus der qumranischen Bibliothek am Toten Meer, die das Leben einer jüdischen Gruppierung im 2. und 1. Jh. v. Chr. strukturieren soll, berichtet, dass Gott zwei Geister erschuf: Ein Geist kontrolliere das Licht, der andere habe in der Finsternis seine Zuständigkeit. Je nachdem, ob die Menschen von der Wahrheit geführt werden oder sich von der Lüge leiten lassen, gehören sie zu den »Kindern des Lichts« oder den »Kindern der Finsternis«. Und auch die sogenannte Kriegsrolle, eine weitere qumranische Handschrift, die aus der gleichen Zeit stammt, beschreibt den endgültigen Kampf zwischen diesen zwei Gruppierungen: Der Erzengel Michael ist Anführer der Kinder des Lichts, sein Gegner ist der Dämon Belial. Diese Texte bezeugen den Beginn eines dualistischen Weltverständnisses. Dieses wurde zum wesentlichen Element der mythologischen Traditionsbildung vom Teufel und seiner Gestalt, so wie sie auch heute noch verstanden wird.

Der finale Kampf zwischen der hellen und der dunklen Seite wird auch Teil der biblischen Apokalypse werden. Deren letzte Kapitel sind jedoch keine Erfindung der frühchristlichen Autoren. Bereits in der altorientalischen Mythologie ist diese Vorstellung belegt: Der Kampf zwischen einem guten, Ordnung schaffenden Gott (Marduk) und einem Ungeheuer, das über die Mächte des Chaos herrscht (Tiamat), ist wesentlicher Bestandteil der babylonischen Schöpfungsmythen. Somit findet der letzte apokalyptische Kampf seine Entsprechung in jenem ersten Kampf, durch den die Welt einst erschaffen wurde.

DIE TEUFLISCHEN VERFÜHRUNGSKÜNSTE

Die Kinder des Lichts triumphieren, der Antagonist Gottes kann nicht gewinnen – diese Gewissheit durchdringt die gesamte Bibel. Doch das kann nicht darüber hinwegtäuschen, dass der Teufel eine starke Faszination auf die Menschen ausübt, sie nicht nur anzieht, sondern sie beeinflusst und zu schrecklichen Taten verführt.

Zweifelsohne ist Judas die neutestamentliche Figur, die der Tradition nach wie keine andere zum Opfer der Machenschaften des Fürsten der Nacht geworden ist. Als Giotto um 1306 das Fresko des Jüngsten Gerichts in der Arenakapelle in Padua malte, entschied er sich dafür, den Teufel als übergroße blaue Figur darzustellen, die auf einem schlangenartigen Drachen sitzt und die Körper von verdammten Menschen zerquetscht und frisst. Eine einzige menschliche Figur ist in seiner Darstellung der Hölle klar identifizierbar: Judas. Er hängt an einem

Baum neben dem Teufel, aus seinem aufgeschlitzten Bauch quellen die Innereien heraus. Was Giotto malerisch darstellt, findet sich gleicherweise in der literarischen Tradition. An dieser Stelle muss Dante Alighieri genannt werden, der ungefähr zur gleichen Zeit in seiner *Göttlichen Komödie* schrieb: »da oben [im Mund des Teufels] ist die Seele des Judas Iskariot, er hat die schlimmste Strafe von allen bekommen, der Kopf ist drinnen, die Beine baumeln draußen.«

Judas ist diesem Verständnis nach nicht nur derjenige gewesen, der Jesus verraten hat, sondern er personifiziert regelrecht den Teufel. So jedenfalls im Lukas- und im Johannesevangelium. Letzteres ist sogar davon überzeugt, dass nicht einfach der Teufel von Judas Besitz ergriffen hatte, sondern dass dieser selbst ein Teufel gewesen ist: »Einer von euch ist ein Teufel!«, lässt das Johannesevangelium Jesus sagen (Joh 6,70). Die literarische Tradition ist genauso wie die biblischen Texte von der Gedankenwelt ihrer Entstehungszeit beeinflusst. Bischof Papias beispielsweise, der zu Beginn des 2. Jh. lebte (ungefähr zu der Entstehungszeit des Johannesevangeliums), rückte Judas in die Nähe des Teufels, indem er ihm Attribute zuschrieb, die zuvor nur dem Teufel zugeschrieben worden waren. Somit trug er wesentlich zum Judasbild der Zeit bei: »Als hervorragendes Beispiel von Gottlosigkeit«, schreibt Papias, »wandelte Judas in dieser Welt. [...] Sein Schamglied erschien aber durch Missgestaltung überaus widerlich und groß, und es gingen dadurch aus dem ganzen Körper zusammenfließend Eiterteile und Würmer [...]. Als er dann nach vielen Qualen und Strafen an privatem Orte, wie es heißt, gestorben war, sei der Ort von dem Geruch bis jetzt öde und unbewohnt gewesen; ja es könne bis zum heutigen Tage keiner an der Stelle vorübergehen, ohne sich die Nase mit den Händen zuzuhalten. So stark erfolgte der Ausfluss durch sein Fleisch auf die Erde.« (Fragment 3,2) Auf diese Weise wird die Verhaftung und der Tod Jesu als Werk des Teufels gebrandmarkt. Entscheidend ist jedoch eine Tatsache, die Bischof Papias und die Autoren des Johannesevangeliums nicht wirklich bedacht hatten: Ohne Verhaftung und ohne den Tod Jesu am Kreuz hätte auch keine Auferstehung stattgefunden! Es dauerte nicht lange, bis einige Christen nicht nur in Judas, sondern auch im Teufel selbst eine Notwendigkeit für die Heilsgeschichte sahen. Die Quellenlage diesbezüglich ist dürftig, vieles ist verloren gegangen, noch viel mehr aber wurde von anderen frommen Christen zerstört. Erhalten sind durchaus glaubwürdige Nachrichten von gnostischen oder manichäischen Gruppierungen aus der Frühzeit des Christentums, die den Teufel nicht als Feind oder Antichristen, sondern als das himmlische Wesen verstanden, welches Judas regelrecht inspirierte, damit Jesus seine Mission auf der Erde erfüllen konnte.

Der Teufel hat seinen Ursprung in der Sphäre Gottes. Er war ein Engel, gut und perfekt erschaffen. Durch Neid, eine aufrührerische Haltung und die entsprechende Bestrafung entfernte er sich so weit von seinem Schöpfer, dass er sich zum Fürsten der Finsternis wandelte. Das mag zwar für heutige Menschen nicht wirklich überzeugend sein, ist aber immer noch Teil des Glaubens der katholischen Kirche. Der gefallene Engel entwickelt sich im Laufe der Geschichte zu dem Antagonisten Gottes schlechthin und misst sich mit ihm in einem von Anfang an aussichtslosen Kampf. Abgesehen vom endgültigen Sieg Gottes, der immer schon mit- und vorausgedacht ist, sind die Kampfhandlungen alles andere als eindeutig erfolglos: Der Teufel greift die Menschen an, er verführt sie und inspiriert sie zu Taten, die zumindest versuchen sollen, den endgültigen Triumph der »Kinder des Lichts« hinauszuzögern. Aus diesem Streit entwickelt sich auch der im kurzen Judasbrief des Neuen Testaments belegte Kampf zwischen Engeln und Teufeln um die Seele der Menschen nach deren Tod. (Jud 9) Eine weitere Vorstellung, die eine sehr starke Wirkungsgeschichte innerhalb der Kirche haben wird.

3. BESESSEN UND RISIKOBEREIT

Im Jahr 1688 befindet sich Justinian Friederich Pöpping in der Amtsstube des Amtshauptmanns in Jüterbog, einer kleinen Gemeinde in Brandenburg. Er sitzt niedergeschlagen, weil von Geldsorgen geplagt, am Schreibtisch. Vielleicht weil er nach etwas Zerstreuung sucht, beginnt er zu schnitzen. Zu allem Unglück rutscht er in einem Moment der Unachtsamkeit mit dem Messer ab und schneidet sich tief in den linken Daumen. Doch als das Blut aus der Schnittwunde hervorquillt und schon auf den Schreibtisch tropft, handelt Pöpping so schnell, als hätte er nur darauf gewartet. Er kramt einen Zettel aus der Schreibtischschublade hervor, greift nach der Schreibfeder und tunkt sie in das frische Blut auf der Schreibtischplatte. Dann schreibt er seinen Namen unter einen Text, der mit der Zeile »Liebster Teufel« beginnt. Offensichtlich an den Teufel adressiert, fordert Pöpping von ihm »80, 100 oder mehr Taler, nach Deinem Belieben«. Sein Ziel war also vor allem finanzielle Unabhängigkeit. So schreibt er im weiteren Verlauf des Briefes, dass er dem Teufel seine Seele verspräche und ihm von diesem Tag an für 15 Jahre dienen sowie ihn vier Mal am Tag anbeten wolle. Es scheint allerdings, dass Pöpping sich nicht sicher ist, ob er alles richtig formuliert hat. Denn er fügt noch folgende Zeile hinzu: »... oder ist diese Verschreibung nicht vollkömmlich genug, so schreibe wie sie sein soll.« Der Teufel solle ihm also einfach rückmelden, wie er den Text gerne hätte. Mit dem Zettel verlässt Pöpping schließlich die Stadt und legt ihn vor der Stadtmauer an einem einsamen Baum ab, damit ihn der Teufel dort abholen kommen kann. Blöderweise findet am Ende der Hauslehrer seines Dienstherren den Zettel und übergibt ihn dem Jüterboger Stadtgericht – und über 330 Jahre später fand ihn der Historiker Dr. Gabor Rychlak in einem alten Kassenbuch der städtischen Gemeinde.

Nun stellen sich uns gleich mehrere Fragen zum Vorgang: Hatte Pöpping sein Schreiben korrekt formuliert? Wie funktioniert so ein Teufelspakt? War seine Bitte um 100 Taler vielleicht etwas zu unverschämt? Und: Welche Strafe erwartete ihn nun, weil das Schreiben dem Stadtgericht übergeben worden war?

DER TEUFELSPAKT

Bis ein Teufelspakt tatsächlich abgeschlossen war, mussten in der Regel ein paar weitere Formalien eingehalten werden. Die Paktierenden waren oft Personen, die sich in irgendeiner Notsituation befanden. Oft fand als Auftakt zu einem Teufelspakt so etwas wie ein Vorgespräch statt. Hierbei war es wichtig, dass man an den Orten, an denen man sich mit dem Teufel traf, ganz unbeobachtet war. Daher wurden die meisten Teufelspakte zu Hause geschlossen oder an Orten in der Nähe der eigenen vier Wände, wie z. B. in Scheunen oder Gärten. Aber auch Orte außerhalb des Wohnorts waren denkbar: Wälder oder abgelegene Wegkreuzungen im freien Feld.

Das Vorgespräch musste nicht zwangsläufig mit dem Teufel persönlich geführt werden. Wenn er jedoch zugegen war, trat er als Retter auf und bot den notleidenden Personen Geld, Nahrung oder sonstige Hilfen an. Er umgarnte die Verzweifelten zwar nicht damit, dass er ihnen unermessliche Reichtümer oder Macht zur Verfügung stellen würde, doch für die ländliche Bevölkerung im späten Mittelalter oder der Frühen Neuzeit kam ein Leben ohne körperliche und materielle Nöte einem unermesslichen Reichtum vermutlich bereits sehr nahe. Sie müssten lediglich nach dem Rat des Teufels handeln und schon würde ihnen alles zufallen.

Dass Menschen, die wegen eines abgeschlossenen Geschäftsverhältnisses mit dem Teufel vor Gericht standen, aussagten, sie seien vom Teufel selbst oder von dessen Gehilfen zu einem Paktschluss verführt worden, ist nicht überraschend. So konnten sie immerhin versuchen, einen Teil der »Schuld« von sich auf andere zu schieben, oder durch die detailreiche Schilderung ihrer Lebensumstände den Paktschluss verständlicher erscheinen lassen. Nachdem also das Materielle verhandelt worden war, erfolgte zeitnah der Paktschluss. Dies geschah wiederum an symbolträchtigen Orten, wie beispielsweise abgelegenen Kapellen. Nun forderte der Teufel noch vor dem Abschluss ein, dass es sich um einen exklusiven Vertrag handeln müsse. Die Paktierenden wurden aufgefordert, alle Verträge mit anderen Glaubenspartnern aufzukündigen. Dazu sollten sie nur drei Schritte rückwärts gehen und dabei »im Namen des Teufels« sagen – wenn nur alle Abo-Kündigungen so einfach wären.

Jetzt erst kam es zum endgültigen Abschluss des Paktes. Dies geschah entweder durch einen Handschlag mit dem Teufel – hier wird oft berichtet, dass sich die Hand des Teufels kalt und schwer anfühlte und der Teufel nur einzelne Finger fasste, dafür aber sehr fest – oder durch einen schriftlichen Vertrag, der mit Blut unterzeichnet wurde. Schreibunkundigen Personen half der Teufel dankenswerterweise, indem er ihnen dabei die Hand führte. Beim Handschlag handelt es sich um ein bekanntes Rechtssymbol, mit dem eine mündliche Abmachung besiegelt werden konnte. Die schriftliche Form lehnt sich eher an eine Besitzübernahme an, die aus dem römischen Recht entnommen worden war.

Eine weitere Form des Paktschlusses – die körperliche Form – war allerdings weniger rechtlich fundiert und erfolgte meist durch Täuschung. Hier trat der Teufel als sexueller Verführer auf. Als Blender und Gaukler erschien er in der Regel in einem ihm fremden Körper. Er wird als Ehepartner – als junger, in Schwarz gekleideter Mann mit einem mit Federn bestückten Hut oder als hübsche Frau – geschildert, der so getarnt geschickt zum Geschlechtsverkehr verführte. Seinen Opfern fiel dies in der Regel viel zu spät auf. In der Retrospektive spürten sie – so häufig in den Verhörprotokollen geschildert – eine abnorme Kälte beim sexuellen Akt, sahen den Pferdefuß ungünstigerweise nicht rechtzeitig oder konnten einen Schwefelgeruch wahrnehmen, dem sie erst nachträglich seine wahre Bedeutung beimaßen. Zu dem Zeitpunkt war es jedoch zu spät, denn der Geschlechtsverkehr mit dem Teufel hatte den Pakt bereits besiegelt. Diese Form des Paktes wird Teufelsbuhlschaft genannt.

DIE BESCHWÖRUNG

Eine weitere Möglichkeit, mit dem Teufel in Kontakt zu treten, war die Beschwörung. Hierbei handelte es sich eher um eine Sache der Gelehrten. Sie riefen den Teufel vornehmlich herbei, um Wissen oder Macht zu erlangen. Diese Form des Pakts unterscheidet sich von den zuvor beschriebenen dadurch, dass die Zauberkundigen durchaus eine gewisse Macht über den Teufel hatten. Schließlich konnten sie ihn rufen und ihn – mit den richtigen Formeln – sogar zu Handlungen oder Auskünften zwingen.

Dass es sich bei den Gelehrten oft um Kleriker handelte, lag sicherlich auch daran, dass sie zu den wenigen schreibkundigen Menschen dieser Zeit gehörten und die Bücher, die diese Beschwörungsformeln enthielten, somit in Kirchen- und Klosterbibliotheken zu finden waren. Oft waren sie sogar an dicke Eisenketten angeschlossen, damit sie niemand entwenden konnte, was hin und wieder dennoch vorgekommen sein soll. Hier fanden sich Bücher wie *Negromantia* von Albertus Magnus, der im Mittelalter als begabtester Zauberer galt, *Die magischen Werke* von Agrippa von Nettesheim, einem mittelalterlichen Universalgelehrten, oder *Dr. Fausts Höllenzwang* als angebliche Sammlung von Beschwörungszaubern des legendären Schwarzkünstlers Johann Faust.

In *Dr. Fausts Höllenzwang*, der seinen Ursprung in ägyptischen Zauberpapyri hat, werden dem Leser die einzelnen Schritte einer Beschwörung erläutert: Es beginnt mit der *Con-*

juratio, der Vorbereitung. Hierbei geht es vor allem um die Herstellung und die Qualität der einzelnen Requisiten. So müsse beispielsweise ein Schutzkreis mit einem Degen, der bereits den Tod gebracht hat, gezogen werden, um anschließend mit einem Gebet den Kreis zu weihen. Auch die Bibel, vor allem die Psalmen, wurden zweckentfremdet und als Zaubertexte benutzt. Bibelzitate wurden in Form von Kraftworten genutzt, mit denen Magier versuchten, Macht über ihr Schicksal zu erlangen.

Zudem wird Räucherware benötigt, wie beispielsweise rote Myrrhe, Weihrauch oder gelber Schwefel. Manchmal ist auch von Dachsurin die Rede. Wer sich nun fragt, wie man den unfallfrei bekommen kann, lässt es mit der Beschwörung vielleicht doch besser sein.

Weiter soll der Beschwörende, so die Empfehlung im *Höllenzwang*, reinliche Kleider tragen und für die Beschwörung nachts zwischen 00.00 und 1.00 Uhr einen verschwiegenen Ort aufsuchen. Sonntags sind Beschwörungen übrigens verboten: »Der Sonntag wird geheiliget«, steht im *Höllenzwang* direkt im Kapitel vor den Beschwörungsformeln. Hatte man dies alles berücksichtigt, konnte man mit der eigentlichen *Citatio* – dem Vortrag der Beschwörungsformel – beginnen. Hierbei war es wichtig, die Ordnung und Hierarchie der höllischen Mächte im Blick zu behalten. Es ist von höllischen Großfürsten, Kurfürsten und Pfalzgrafen die Rede. Auffällig ist, dass diese Einteilung offensichtlich Bezug auf die irdische Ständeordnung nimmt und diese widerspiegelt. Wenn die teuflischen Adeligen nun zu Dienern des Magiers wurden, wenn Studenten oder einfache Priester einem Pfalzgrafen der Hölle Vorschriften machten, zeichnete sich damit auch eine Umwertung der gesellschaftlichen Stellung ab. So ist davon auszugehen, dass sich hierin auch eine Verarbeitung von Ohnmachts- oder Minderwertigkeitserfahrungen zeigt.

Der Beschwörende steht während des Rituals im Schutzkreis und versucht dabei, dem Teufel oder einem Dämon seinen Willen aufzuzwingen. Wer genau gerade beschwört wird, hängt praktischerweise ganz davon ab, was man sich wünscht oder erhofft. Denn die Dämonen oder höllischen Sachbearbeiter haben ganz unterschiedliche Zuständigkeitsbereiche. Wer sich gegen mögliche Verletzungen durch Hieb- und Stichwaffen wappnen möchte, ruft am besten Coradiel. Wer eher auf Geld aus ist, der wendet sich an Aciel, denn dieser weiß über alle versteckten Schätze der Welt Bescheid. Problematisch scheint bei ihm lediglich zu sein, dass er als besonders hinterlistig und vom Typ her eher als widerspenstig beschrieben wird.

Ein Ritual endete schließlich damit, dass ein Vertrag geschlossen wurde. Die Literatur rät hier nachdrücklich zur Sorgfalt und empfiehlt Entwürfe mit bis zu 30 Punkten, die in den Schutzkreis gelegt werden. Und weil auch die Hölle nicht von Bürokratie verschont zu sein scheint, dauerte es ganze vier Tage, bis der Beschwörende den nun vom Teufel oder Dämon unterschriebenen Vertrag zurückerhielt. Erst dann konnte der Beschwörende selbst unterschreiben, woraufhin es zur *Dimissio* – der Abschiedsformel – kommt.

Wer jetzt noch vom Vertrag zurücktreten möchte, muss ein Lamm an einem Freitag schlachten und mit dessen Blut einen Kreis mit drei Ringen um sich herum ziehen. Etwas weniger aufwendig ist es, einfach die Beschwörungsformel rückwärts aufzusagen.

SCHATZGRÄBER UND SELBSTDARSTELLER

Erst mit dem Beginn des 18. Jh. kamen auch die bürgerlichen oder unterbürgerlichen Schichten mit den Zauberbüchern in Berührung. Unter anderem durch Hausierer, die als Vermittler, Beschaffer oder Überbringer von Zauberbüchern durch das Land zogen. Durch den illegalen Handel mit Zauberbüchern entstanden kleinstädtische Milieus von Dämonenbeschwörern und Schatzgräbern. Diesen ging es nicht um den philosophischen Diskurs, sondern um die sofortige ökonomische Verwertung.

Im Gegensatz zu den Hexereiprozessen, in denen Aussagen entsprechender Stereotype durch Folter erzwungen und angepasst wurden, belegen die juristischen Schriftstücke zu den hier gemeinten magischen Handlungen tatsächliche Geschehnisse – beispielhaft die Jenaer Christnachttragödie. Am 24.12. des Jahres 1715 versuchten ein Medizinstudent, ein Schafhirte, ein Bauer und ein Schneider in einem Weinbergshäuschen außerhalb der Stadt Jena, Dämonen zu beschwören, um einen Schatz zu heben. Der Schäfer hatte wohl am Weinberg des Öfteren die geisterhafte Erscheinung einer weißen Frau beobachtet und war sich daher sicher, dass dort ein Schatz vergraben liegen müsse. Man brauchte, um den Schatz zu heben, nur das *Höllenzwang*-Buch des Dr. Faust und eine Springwurzel – eine legendäre Pflanze, die Schlösser öffnen und Schätze wie eine Wünschelrute anzeigen sollte. Diese bekam man in keinem Geschäft, sondern nur von Dirachiel – einem der sieben höllischen Grafen. Ob man den Schatz dann einfach so heben durfte oder ob zuvor noch ein Antrag auf ›Hebung eines Schatzes‹ bei einem anderen höllischen Verwaltungsdämon gestellt werden musste, ist nicht eindeutig belegt. Im genannten Fall konnten alle Zutaten vom Medizinstudenten beschafft werden. Das war nicht immer so. Oft kam es in dieser Vorbereitungsphase zu Gaunereien. Man könnte von regelmäßigem Betrug bei Beschwörungen sprechen. Betrüger inszenierten Erscheinungen, sprachen gezielt potenzielle Schatzgräber an und gaben ihnen Listen mit sehr teuren magischen Dingen, die es unbedingt brauche, um einen Schatz zu heben (Satansring, Moses Stab, Bücher aus weit entfernten Klöstern). Letztlich verschwanden sie mit dem Geld.

Zurück zum Fall: Es trafen sich also Medizinstudent, Bauer und Schafhirte am Heiligabend in der Hütte des Schneiders. Das Tetragramm – die vier Buchstaben des hebräischen Gottesnamens JHWH – wurde über der Tür aufgezeichnet, ein Schutzkreis mit einem Degen gezogen. Dabei dampfte die Räucherware über dem Kohlenfeuer. Nachdem der Student die Beschwörung gesprochen hatte, wurde ihm schwindelig, woraufhin er in Ohnmacht fiel. Am nächsten Tag öffnete der Schneider die Tür zu seinem von Kohlenfeuer verqualmten Häuschen und fand dort den ohnmächtigen Medizinstudenten; neben ihm die Leichen von Bauer und Schafhirte. Es folgte eine gerichtliche Klärung. Der Student gab an, dass er nicht wisse, ob der Teufel erschienen sei, nachdem er in Ohnmacht gefallen war. Er habe Bauer und Hirte – die später unter dem Galgen begraben wurden – noch lebend gesehen.

Die zuständige Rechtsmedizin teilte sich bei der Bewertung des Sachverhalts in zwei Lager: Die einen glaubten, der Teufel habe die beiden getötet. Die anderen sahen eine Rauchvergiftung als die wahrscheinlichere Ursache an. Vom Gericht wurde der Student schließlich lebenslang vom Unibetrieb ausgeschlossen und der Schneider für zehn Jahre des Landes verwiesen.

Juristisch gesehen war die Schatzgräberei nicht direkt verboten. Finder durften den Schatz nur nicht behalten. Dieser gehörte dem Landesfürsten. Der Einsatz von magischen Methoden war allerdings verboten. Mit Beginn des 18. Jh. wurden Teufelsbeschwörungen, magische Schatzgräberei und Teufelspakte zu »Modeverbrechen«, wie der Historiker Prof. Dr. Wolfgang Behringer es formuliert. So gab es zahlreiche Menschen, die von sich selbst sagten, dass sie einen Pakt mit dem Teufel geschlossen hatten. Die Gründe dafür fielen unterschiedlich aus. Einerseits erhoffte man sich materielle Unterstützung von Geistlichen, die sich des Teufelspaktierenden als »verlorenes Schäfchen« annahmen, um sie von ihrer Besessenheit zu befreien. Andererseits war es eine gängige Ausrede ertappter Diebe. Sie behaupteten einen Teufelspakt geschlossen zu haben, wobei der Teufel sich nur leider nicht an die Abmachung gehalten und ihnen das Geld nicht gegeben habe, weshalb sie nun Diebstähle hätten begehen müssen.

Pöpping jedenfalls hatte Glück. Er sollte nur 50 Taler Strafe zahlen und ausgepeitscht werden. Sein Vater, ein namhafter Jurist, hatte sich zudem für ihn eingesetzt, sodass Pöpping sogar an den körperlichen Strafen vorbeikam. Und ob er die Geldstrafe letztlich bezahlte, ist nicht belegt.

Geschichten von Teufelspakten und -beschwörungen sind mehr als bloße Legenden oder historische Anekdoten. Teufelspakte erfüllten immer auch eine soziale Funktion. Zum einen ist es für ein besseres Verständnis der zeitgenössischen Verhältnisse wichtig zu zeigen, dass die Hölle nach den gleichen hierarchischen Prinzipen der realen Gesellschaftsordnung aufgebaut war, was durchaus als soziale Kritik verstanden werden kann. Die praktische Ausübung von Beschwörungen kann daher auch als eine Form der Selbstermächtigung gelesen werden.

Zudem wiesen Teufelspakte viele Parallelen zu herkömmlichen Rechtsgeschäften auf. Dies zeigt nicht nur, dass sich die Paktierenden oder Beschwörenden ganz bewusst von Gott ab- und dem Teufel zuwandten. Man versuchte die Uneindeutigkeit des Teufels in einen rechtlich gesicherten Bereich zu überführen. Aber auch mit Vertragswerk ist es nicht klar, ob das, was vertraglich zugesichert wurde, tatsächlich ankommt oder ob es der Teufel aus einer Sektlaune heraus plötzlich wieder zurückfordert. Seine Motivlage bleibt nebulös. Beim Teufel gibt es keinen Vorschriftenkatalog. Sein Metier sind Wünsche, Versuchungen, geheime Absprachen und seltsame Mischverhältnisse. Die rechtliche Ahndung dieser Taten war jedoch nicht immer einheitlich. Juristisch gesehen stand auf Beschwörungen und Teufelspakte die Todesstrafe. Diese wurde allerdings nicht immer durchgesetzt. Wenn kleinere Diebstähle oder Ähnliches mit einem Pakt in Verbindung standen, versuchten beispielsweise einige Geistliche zu zeigen, dass man Teufelspaktierende auch retten kann. Diese Rettung lässt sich ihrerseits wiederum als eine Machtdemonstration lesen und konnte einen Diebstahl oder den Gebrauch von Magie vergessen machen.

Auch die erwähnten Geständnisse, bei denen Personen von sich selbst behaupteten, sie seien vom Teufel besessen oder stünden mit ihm in einem Pakt, hatten oftmals strategische Gründe und waren nicht bloß spleeniges Verhalten. Erklären lassen sie sich auch anhand manch einer beruflichen Außenseiterexistenz, denn mit einem Teufelspakt war es zum Beispiel einfacher, einen dubiosen Geldbesitz oder andere Vergehen zu erklären.

4. GESTALTENREICH UND ORGANISIERT

Zu Beginn des Buches Exodus wehrt sich der künftige Führer des Volkes Israel vehement gegen seine Berufung. Moses möchte den Ruf Gottes nicht annehmen und bringt in einem langen Dialog mindestens fünf Einwände dagegen vor. Einer davon bezieht sich auf den Namen Gottes. In der bekannten Geschichte vom brennenden, aber nicht verbrennenden Dornbusch fragt Moses: »Und wenn sie [die Israeliten] mich fragen: ›Was ist sein Name?‹, was soll ich dann zu ihnen sagen?« (Ex 3,13) Anstatt seinen Namen preiszugeben, antwortet Gott mit einem rätselhaften Satz, der Exegeten und Theologen bis heute viel Kopfzerbrechen in der Interpretation bereitet. Die Antwort der Stimme aus dem Dornbusch über sich selbst enthält nämlich zweimal das hebräische Verb »sein« in der ersten Person Singular, dazwischen steht ein Relativpartikel. Und diese drei Worte – *'ehjeh 'ascher 'ehjeh* im hebräischen O-Ton – können ganz unterschiedlich gedeutet werden. Wahrscheinlicher als die gängige Übersetzung »Ich bin, der ich bin« ist die Deutung des Satzes als prinzipielle Weigerung Gottes, einen Eigennamen zu nennen und sich damit kategorisieren zu lassen. Seine Antwort wäre also – ganz im Einklang mit der Interpretation des zweiten Gebotes: »Du sollst den Namen JHWHs, deines Gottes, nicht umsonst gebrauchen« (Ex 20,7) – eine demonstrative Nicht-Antwort. Gott sagt nicht, wie er heißt. In den altorientalischen Kulturen bedeuten nämlich Kenntnis und Gebrauch des Namens – zum Beispiel im Rahmen eines Schwurs oder in einer Fluch-Formel – Macht und Einfluss über den Träger des

Namens auszuüben. Doch der Eigenname Gottes darf nicht missbraucht werden.

DER NAME GOTTES

Im Laufe der jüdischen Religionsgeschichte wurde Gott dennoch mit einem Eigennamen versehen. Dieser war allerdings so wichtig und zentral, dass man weitgehend vermied, ihn überhaupt auszusprechen. Man weiß heute, dass der Name Gottes aus vier hebräischen Buchstaben bestand: JHWH. Man nennt es deshalb auch Tetragramm, also auf Griechisch »vier Buchstabennamen«. So wird er auch in den heiligen Texten geschrieben, zumindest bis in die hellenistische Zeit, später werden diese Buchstaben durch vier Punkte ersetzt. Was man heute allerdings nicht mehr nachvollziehen kann, ist, wie diese vier Buchstaben auszusprechen sind, denn schon seit dem 4. Jh. v. Chr. wurde der Name Gottes nicht mehr laut gelesen. Mehr noch: den Namen JHWHs durfte ausschließlich der Hohepriester im Tempel laut aussprechen – und auch das nur einmal im Jahr am großen Versöhnungstag, dem *Jom Kippur*. Die totale Zerstörung des Jerusalemer Tempels durch die Römer im Jahr 70 n. Chr. hatte zur Folge, dass das jüdische Priesterwesen verschwand und es bald niemanden mehr gab, der die richtige Aussprache des Gottesnamens kannte. Beim Lesen der Heiligen Schrift wird seither an allen Stellen, die den Namen JHWH nennen, der hebräische Ehrentitel *ado-*

naj (Herr) ergänzt. Gebräuchlich ist auch die Leseweise *ha-schem*, was so viel bedeutet wie »der Name«, im Sinn von »der Name schlechthin«. Als die jüdischen Gelehrten, die Masoreten, im 8. Jh. n. Chr. schließlich dem Konsonantentext der Bibel Vokalzeichen beifügten, erschien es ihnen zweckmäßig, eine Art Kennzeichnung einzuführen, die sie davor bewahren sollte, den Namen im Lesefluss aus Versehen auszusprechen. Sie vokalisierten also JHWH nicht entsprechend der eigentlich korrekten Lesart, sondern mit den Vokalen des Wortes *adonaj*. Dieser Trick sollte den frommen Juden helfen, nicht aus Unachtsamkeit heraus einen schweren kultischen Fauxpas zu begehen. Was die Gelehrten nicht ahnen konnten, war, dass diese Maßnahme von Nicht-Juden, die kaum Hebräisch konnten und zu wenige religionswissenschaftliche Kenntnisse besaßen, grundlegend falsch gedeutet wurde. Dazu zählten auch die christlichen Übersetzer, die die Bibel ins Lateinische übertrugen. Sie missverstanden die Lesehilfe der Masoreten und lasen anstatt des, durch die falsche Vokalisierung mit besonderem Nachdruck geforderten, *adonaj* einen aus zwei Wörtern zusammengewürfelten Neologismus, der in der hebräischen Sprache keinerlei Bedeutung hat: *Jehowah*.

Wenn sich auch nicht mehr mit Sicherheit feststellen lässt, wie JHWH vor dem vierten vorchristlichen Jahrhundert tatsächlich ausgesprochen wurde, ist dennoch offensichtlich, dass die auf diesem Missverständnis beruhende Lesart »*Jehowah*« keineswegs richtig sein kann. In der biblischen Überlieferung begegnen dem Leser noch manch andere gebräuchliche Formen des Gottesnamens, aus denen Wissenschaftler die richtige Vokalisation zu rekonstruieren versuchen. Die Formen *jah*, *jahw*, *jeh* u. a. gehen auf die Erwiderung Gottes an Mose mit dem Verb *hawah/hajah* (sein) zurück und sind – wie auch die griechische Umschreibung *iaoué* – mit der Vokalisierung von JHWH zu »JaHWeH« vereinbar.

DIE NAMEN DES TEUFELS

Ganz im Gegensatz zum Namen Gottes kennt die biblische Tradition eine Vielzahl unterschiedlicher Eigennamen, die dem Teufel zugesprochen werden. Da der Eigenname das Wesen seines Trägers bestimmt, veranschaulichen die diversen Namen des Teufels die vielfältigen Vorstellungen der Menschen über seine Erscheinungsform und Wirkmächtigkeit, vor allem aber über die Essenz des Bösen generell.

Der berühmteste Name von allen – Satan – war lange kein Eigenname, sondern eher ein Gattungsbegriff. Ein Satan war grundsätzlich jemand, der sich gegen den Plan Gottes auflehnt, ein Widersacher. [S. Kap. 2] Er war aber auch derjenige, der auf der Erde herumstreift – so zumindest laut Volksetymologie zu Beginn des Ijobbuches –, die Menschen ausspioniert, sie mit den gewonnenen Erkenntnissen anklagt und vor den Mächtigen verpetzt. Nur ein einziges Mal wird in der hebräischen Bibel das Wort Satan als Eigenname des Teufels verwendet, in einer Vision, die im Buch des Propheten Sacharja beschrieben wird (Sach 3). Dieser Text, in dem sich Satan und ein Engel um die Sündhaftigkeit eines Menschen streiten, ist prägend für den Weg, den die Personifizierung des Bösen nehmen wird.

Die griechische Fassung des Alten Testaments nennt die allgemeine Bezeichnung *diábolos*, verwendet aber auch ›Satan‹ als Eigennamen für den Teufel, genau wie das ebenfalls auf Griechisch verfasste Neue Testament. Die Vokabel *diábolos* bezeichnet den Hauptgegner, Verführer, Verleumder und Versucher Jesu und der Christen. Obwohl Satan ein Eigenname und *diábolos* eine Gattungsbezeichnung ist, werden beide Begriffe synonym verwendet.

Das Neue Testament kennt eine ganze Reihe von Umschreibungen zur Identifikation diabolischer Mächte. Am häufigsten ist die schlichte Bezeichnung »Böser«, aber auch »Feind«, »Ankläger«, »Verderber«, »Versucher«, »Herr dieser Welt«, »Gott dieses Äons«, »Herr der Macht der Luft« oder »Geist der Engel des Abgrunds« sind immer wieder belegt. Während noch die Identifikation mit dem Drachen oder der Schlange eine wesentlich ältere mythische Ikonographie wieder aufgreift, sind neben den oben genannten Beschreibungen auch mehrere richtige Eigennamen belegt. An ihnen lässt sich die Entwicklung einer differenzierten Dämonologie bereits in neutestamentlicher Zeit belegen. Auf einige dieser Namen soll im Folgenden kurz eingegangen werden.

Beelzebub: Es bedeutet in etwa »Herr der Fliegen« oder, wie spätere rabbinische Texte den Namen auslegen werden, »Herr des Misthaufens«. So wird in drei der vier Evangelien der Anführer der Dämonen bezeichnet.

Mammon: Es ist die Personifikation von Geld und Reichtum. Er wird von Jesus selbst als dämonische Kraft gebannt.

Abaddon ist der hebräische Name eines Dämons, der auf Griechisch *Apollyon* heißt und im neunten Kapitel der Apokalypse erwähnt wird. Er befehligt eine Armee von furchterregenden Tieren, die wie Heuschrecken aussehen, so groß sind wie Pferde, den Stachel eines Skorpions und Zähne eines Löwen haben.

Aus der jüdischen Tradition stammt der schließlich auch im Neuen Testament vorkommende Name des Teufels *Belial* oder *Beliar*. *Belial* ist in den Schriftrollen vom Toten Meer der bekannteste Eigenname des Teufels, er verweist in seiner Bedeutung auf Falschheit, Verrat, Tod und Finsternis. Er ist der Herrscher der Unterwelt. In der qumranischen Kriegsrolle ist er sogar Anführer der »Kinder der Finsternis«, die sich gegen die »Kinder des Lichts« auflehnen.

Neben diesen Namen kennt die katholische Kirche noch einen weiteren Teufel in ihrer biblischen Tradition, er trägt den Namen *Aschmodai* und wird nur im griechischen Buch Tobit als Gegner des Engels Raphael erwähnt. Das Buch Tobit wurde zwar ursprünglich auf Hebräisch verfasst, da aber nur die griechische Übersetzung überliefert ist, wurde es nicht Teil der hebräischen und der protestantischen Bibel, sondern ist nur im katholischen Kanon erhalten. In der Erzählung, die wohl aus dem ausgehenden 3. Jh. v. Chr. stammt, verkörpert der Engel

Raphael die heilende Kraft. Ihm gegenüber steht der Dämon *Aschmodai*, ein Geist, der vernichtet und der als die destruktive Liebe auftritt, die unweigerlich zum Tod führt. In dieser Funktion erinnert er an die weiblichen Dämonen aus dem alten Orient. Er ist in der Erzählung verantwortlich für den Tod von sieben Männern, die um Sara, die weibliche Protagonistin des Buches Tobit, werben. Doch ein Happy End der Geschichte kann er nicht verhindern, Sara und Tobias finden zusammen, heiraten und besiegen betend den bösen Dämon.

Luzifer, der vielleicht bekannteste aller Teufelsnamen, taucht erst in der lateinischen Übersetzung des Alten Testaments auf. Bevor er zum Namen des obersten Teufels wurde, war »luzifer« eine positive Bezeichnung. Im letzten Kapitel der Apokalypse wird sogar Christus selbst als der »strahlende Morgenstern«, also als »luzifer«, beschrieben. [S. Kap. 2]

DIE HIERARCHIE DER TEUFEL

Schon die Maler des Mittelalters haben sich mit viel Fantasie den Herrschaftsbereich des Teufels vorgestellt und versucht, ihn in zahlreichen Fresken und Gemälden abzubilden. Mit ihrer Faszination von der Hölle waren sie nicht allein; auch die kirchlichen Amtsträger hatten anscheinend sehr genaue Vorstellungen von dieser Unterwelt, vor allem wussten sie genau, welche Art von Menschen dort einmal hinkommen würden. Augustinus und Papst Gregor der Große entwarfen eine Sündentheologie, nach der ein Großteil der Menschen verdammt wird und nur wenige zum ewigen Leben bestimmt sind. Für die Christen aber wird die Hoffnung auf einen Schwebezustand geweckt, in dem die Seele des Toten nicht sofort verdammt, sondern zunächst gereinigt wird. Papst Benedikt XII. beschreibt im Jahr 1336 die Existenz des Fegefeuers als jenen Ort, an dem die Seelen diszipliniert werden und sie ihre Sünden mit Buße tilgen können. 1439 dann definierte das Konzil von Florenz, wer direkt in die Hölle fahren sollte: Man »glaubt, bekennt und verkündet, dass niemand, der sich außerhalb der katholischen Kirche befindet, nicht nur keine Heiden, sondern auch keine Juden oder Häretiker und Schismatiker, des ewigen Lebens teilhaft werden können, sondern dass sie in das ewige Feuer wandern werden.«

Nach dieser Vorstellung ist in der Hölle deutlich mehr los als im Himmel. Und während der Erzengel Michael mit seinem Schwert als Seelenrichter vor den Toren des Himmels wacht und Maria mit den (wenigen) Heiligen als Fürsprecherin für die Seelen bittet, freilich ohne verhindern zu können, dass die große Mehrheit nicht hineingelassen wird, wimmelt es in der Hölle von für immer verlorenen Seelen. Solch eine Höllenvorstellung hat natürlich die Absicht, die Gläubigen zu disziplinieren.

Für die große Menge an Seelen, die in der Hölle bleiben müssen, braucht es allerdings auch eine große Anzahl an Dämonen. Aus dem späten Mittelalter stammen daher auch sehr detailreiche Beschreibungen vom Reich des Teufels. Analog zum Paradies stellte man sich die Hölle als klar strukturierten Ort vor und entwarf auch für das Reich der Finsternis eine Hierarchie. [S. auch Kap. 3] Als hilfreich zur Beschreibung und Bestimmung von Teufeln, Dämonen und sonstigen teuflischen Helfern erweisen sich ältere apokryphe Schriften, wie etwa die Apokalypse des Petrus (3. Jh. n. Chr.) oder die Offenbarungsschrift des Paulus (2.–4. Jh. n. Chr.). Natürlich sind Paulus und Petrus nicht die Autoren dieser Schriften; sie fungieren als Namensgeber, um die Autorität der Texte zu garantieren. In beiden Apokryphen wird ein Ort genannt, an dem die Seelen für immer leiden müssen, und je nachdem, welche Sünde sie im Leben begangen haben, wird ihnen eine entsprechende Strafe zuteil. Wohl zur Abschreckung wird die Hölle nun in grellen Farben ausgemalt und immer weiter differenziert.

Die Teufel sind in ein hierarchisches System eingeteilt. Der mächtigste von allen sitzt demnach im tiefsten Loch der Hölle. Der Fantasie waren keine Grenzen gesetzt und so entwickelten sich mit der Zeit ganz unterschiedliche Klassifizierungen für die Höllenbewohner. Die ersten Überlegungen dazu wurden schon in der Spätantike niedergeschrieben. Demnach gibt es mindestens sieben Klassen von Teufeln, von denen vier jeweils den Elementen zugeordnet werden, in denen diese Dämonen wirken können. Die Dämonen des Feuers leben in den tiefsten Regionen der Hölle, die der Luft fliegen über die Menschen hinweg, die der Erde können sich unter die Menschen mischen und die Dämonen des Wassers befallen Meere und Seen. Darüber hinaus sind unterirdische Dämonen für Erdbeben und Vulkanausbrüche verantwortlich, während in der Nacht die Dämonen der Finsternis und im Winter vor allem die Eisdämonen aktiv werden.

Das erste Werk, in dem eine ausgefeilte Dämonologie entworfen wird, ist das sogenannte *Testament des Salomo* aus dem 4. Jh. n. Chr. Weil das erste Buch der Könige in der hebräischen Bibel davon berichtet, dass Salomo beim Bau des Tempels weder Hammer noch Beil noch ein anderes eisernes Werkzeug hören konnte, entwickelte sich die Vorstellung, dass Salomo Geister und Dämonen kontrollieren konnte. Im »Testament« wird beschrieben, dass Gott seinem Knecht Salomo einen Ring geschenkt habe, der ihm Macht über alle Dämonen verleihen würde. Daraufhin lässt Salomo alle männlichen und weiblichen Dämonen auftreten, kann ihnen ihre Namen und Geheimnisse entlocken und sie beschwören.

Im 11. Jh. verfasste ein gewisser Michael Psellos, einer der gebildetsten Menschen seiner Zeit, ein Werk mit dem Titel *De Operatione Daemonum* (Über die Umtriebe der Dämonen). Es war das entscheidende Werk für die Vorstellung von Dämonen. Für Michael Psellos waren die Dämonen Geister, die für besondere Aufgabenbereiche zuständig sind. Ihm zufolge könne man diese Dämonen mit einem Namen identifizieren und gezielt beschwören.

Die sich daraufhin etablierende Hierarchie vermischte alte jüdische Traditionen, die im Mittelalter in der Kabbala wieder aktuell wurden, mit den mannigfaltigen Vorstellungen von Exorzisten und Kirchenmännern. Insbesondere die Dämonenaustreiber reklamierten für sich, einige der Teufel sogar persönlich zu kennen. Immer wieder wurde in Konzilien und auf Bischofsversammlungen darüber diskutiert, ob der eine oder andere Dämon nun offiziell in die Liste der real existierenden Teufel aufgenommen werden solle oder nicht. Diese Treffen nahmen nach dem Vierten Laterankonzil (13. Jh. n. Chr.), auf dem die Teufelsfrage ausführlich diskutiert wurde, deutlich ab.

Unabhängig davon, wie viele dieser bösen Geister es nun gibt, ist ihr »Imperator« nach allgemein anerkannter Auffassung Satan, besser bekannt als Luzifer. Sein Stellvertreter ist Beelzebub. Ihm wird von Astaroth bzw. Samael, jenem Teufel, der Eva im Garten Eden verführte, assistiert. Dieser teuflischen Trinität folgen sechs obere dämonische Geister. Der Kanzler wird Luzifugus genannt, seine drei Generäle sind Satanachias, Agaliarept und Fleurety. Eine Stufe unter ihnen stehen der Wachmeister Sargatanas und der Befehlshaber der teuflischen Armee, Nebiros.

Jedem dieser sechs oberen dämonischen Geister stehen wiederum drei Helfer zur Seite. Bael, Agares und Marbas stehen unter dem direkten Befehl von Luzifugus. Pruslas, Arimon und Barbatos sind Satanachias unterstellt. Buer, Gusatas und Botis helfen Agaliarept. Bathin, Pursar und Abigar assistieren Fleurety. Loray, Balefar und Foran sind Sarganatas untergeordnet, und Airepos, Nuberus und Glasyabolas sind Nebiros zugeteilt.

Teufel sind keine Teamplayer. So verwundert es nicht, dass zwischen den verschiedenen Klassen von Dämonen kaum Kontakt oder gar Austausch besteht. Die Kommunikation übernehmen Boten: Die bekanntesten von ihnen sind Miriòn, Beliul und Anagaton.

Die Namen einiger sehr bekannter Teufel fehlen in dieser hierarchischen Struktur; sie agieren weitestgehend selbstständig. Ihre Namen sind oft Spiegel ihrer teuflischen Eigenschaften oder ihres Aussehens, zum Beispiel Abbadon (der Zerstörer), Asmodäus (der Verwüster), Behemot (die Bestie), Belial (das Böse), Mephisto (der Feind des Lichts), Mastema (der Feind), Asasel (mächtiger als Gott) und Baphomet, Belphegor, Adramelech, sowie Nahenia.

Folgt man diesen Überlegungen zur teuflischen Hierarchie, ist die Hölle ziemlich dicht besiedelt! Anders als im späten Mittelalter ist die hierarchische Struktur der Hölle jedoch kein Thema mehr der heutigen westlichen Theologie.

Das *Dictionary of Deities and Demons in the Bible* kennt noch eine ganze Reihe weiterer Namen und dämonischer Figuren. Insgesamt sind es mehr als hundert verschiedene Eigennamen, die aufgelistet werden, und dennoch erheben die Herausgeber dieses monumentalen Werkes keinen Anspruch auf Vollständigkeit. Sie haben es sich zur Aufgabe gemacht, die Namen und Wesen in ihr Werk aufzunehmen, die in der Bibel vorkommen oder aus anderen Kulturen der antiken Welt stammen und in der Bibel ihre Spuren hinterlassen haben. Daher sind die fast tausend Seiten ihres Werkes nur teilweise »repräsentativ«, denn die Bibel markiert lediglich den Anfang einer gewaltigen Wirkungsgeschichte, die vor allem im Mittelalter und in der Frühen Neuzeit ungeheure Entwicklungen durchgemacht hat. Fest steht: In krassem Unterschied zu dem einen, einzigen Gott sind die Teufel unzählbar.

5. TIERISCH UND ABWERTEND

In seinem Buch *Historia Langobardum* (Geschichte der Langobarden) beschreibt der Autor und Mönch Paulus Diaconus folgende Episode: Um das Jahr 690 n. Chr. steht der Langobardenkönig Cunincpert vor einem Fenster in seinen Gemächern und fuchtelt angespannt mit einem Messer in der Luft herum. Er plant gerade zusammen mit seinem Stallmeister, dem Marpahis, einen Mord, denn seine beiden Gefolgsleute Aldo und Grauso sind ihm im Weg. Sie müssen weg! Als sich währenddessen eine Mücke auf den Fensterrahmen vor ihm setzt, ist es vorbei mit seiner Geduld. Wild teilt er mit seinem Messer aus, verfolgt die Mücke durch den Raum und schlägt ihr schließlich ein Bein ab. Kurze Zeit später steht der Plan fest: Sobald Aldo und Grauso im Laufe des Tages seinen Palast betreten, sollen sie zu ihm geschickt werden, damit er sie umbringen kann. Nur tauchen die beiden den ganzen Tag nicht mehr auf und Cunincpert ist zunehmend genervt. Schließlich lässt er nach ihnen suchen. Als man sie findet, geben Aldo wie auch Grauso an, dass ihnen ein Mann mit nur einem Bein verraten habe, dass sie umgebracht werden sollten. Cunincpert sieht zu seinem Stallmeister hinüber. (Die einzige Person, die sich zum Zeitpunkt des Mordplanschmiedens mit dem Langobardenkönig im selben Raum befunden hat.) Schon will er ihm wegen Verrats ein Messer an den Hals setzen, da flüstert der Marpahis seinem König etwas ins Ohr: Die Mücke war es! Diese Mücke muss ein böser Geist, ein Spion, vielleicht sogar der Teufel selbst gewesen sein. Schließlich fehlte beiden – dem besagten Mann und der Mücke – ein Bein. Ob dieser unumstößlichen

Faktenlage wurde Aldo und Grauso verziehen. Was genau ihnen verziehen wurde und warum, bleibt unklar. Vermutlich aber, weil sie im Besitz ihrer beiden Beine waren und damit bereits positiv hervorstachen.

War diese Mücke ein Fall von Therianthropie – eine Verwandlung eines Menschen in ein Tier? Oder handelte es sich bei der Mücke wirklich um den Teufel selbst? Das ist heute leider schwer zu sagen, denn dafür müssten wir den einbeinigen Mann und/oder die einbeinige Mücke befragen. Und da man das 690 n. Chr. versäumt hat, bleibt es nur ein Verdacht.

Im *Canon Episcopi* – einer Handlungsanweisung aus dem 10. Jh. n. Chr. für den Umgang mit »abergläubischen« Vorstellungen des Volkes – hieß es noch: »Wer immer also glaube, dass irgendetwas geschaffen werden könne oder irgendeine Kreatur zum besseren oder schlechteren hin verändert oder in eine andere Gestalt verwandelt werden könne, außer vom Schöpfer allein, der alles gemacht hat und durch den alle Dinge geschaffen worden sind, der sei ohne Zweifel ungläubig.« Ende des 15. Jh. hatte sich diese Sichtweise jedoch geändert. Der Verfasser des *Hexenhammers* oder *Malleus maleficarum,* der Dominikanermönch und Inquisitor Heinrich Kramer, wandte sich vehement gegen diese Anweisungen. Er bezeichnete die Anhänger dieser »veralteten« Illusionstheorie sogar als Ketzer, die die Bestrafung der Anhänger und Anhängerinnen des Teufels verhinderten, weil sie nicht sehen würden, dass der Teufel in diesen Tagen sehr wohl Tierverwandlungen initiieren kann.

Die Verwandlungsgabe ordnete Johann Hartlieb in seinem Buch *Von den verbotenen Künsten*, das einige Jahre vor dem *Hexenhammer* erschien, in die Abteilung der schwarzen Künste ein. Für mittelalterliche und frühneuzeitliche Dämonologen wäre die Sache dementsprechend klar gewesen: Es handelte sich bei der Verwandlung in ein Tier um eine vom Teufel initiierte Form von Magie. Für diese teuflischen Tierverwandlungen gab es aus der Sicht der Experten zudem eine Reihe von Regeln und Erfahrungswerten. So war bekannt, dass Tiere, in die sich Menschen verwandelten, kleinere bis größere Schäden in einer Gemeinschaft anrichteten oder Menschen zu Außenseitern machten. So waren die Angeklagten in solchen Prozessen sehr häufig Angehörige der damaligen Unterschicht, also Bettler, Landfahrende oder entfernt von Dorf und Stadt lebende Kleinbauern und die vom Holzabbau lebende Waldbevölkerung.

Es war auch kein Zufall, in welches Tier sich ein Mensch verwandelte. Dies hing mit der für die jeweilige Region typischen ökologischen und ökonomischen Struktur zusammen. Als Beispiel: Dort, wo es viel Wald und eine geringe Besiedlung gab, war es oft so, dass die Menschen eher von einer Weidekultur mit Schafen lebten. Wölfe mögen den Wald und Wölfe mögen Schafe. Die reale Bedrohung »Wolf« wird mit dem teuflischen Schadenszauber zum »Werwolf«.

TIERVERWANDLUNGEN

Eine der bekanntesten Verwandlungsformen war die Lykanthropie – die Verwandlung eines Menschen in einen Wolf. Die Ursprünge dieser Form der Zauberei reichen weit zurück in die Antike und hatten zunächst nichts mit dem Teufel zu tun. Eine der am weitesten zurückliegenden Erwähnungen eines Wolfmenschen findet sich bei Platon. Er nennt einen dem Zeus geweihten Opferkult, der im Lykaion-Gebirge abgehalten wurde. Es habe dort auf den Berggipfeln eine von rohen Steinen eingefasste Kultstätte gegeben, auf deren Altären Zeus angeblich Menschenopfer dargebracht wurden. Wenn einer der Anwesenden von den menschlichen Opfergaben kostete, so verwandelte er sich der Legende nach in einen Werwolf. Die einzige Möglichkeit, den Zauber zurückzusetzen, war eine Diät. Wenn ein Werwolf zehn Jahre kein Menschenfleisch äße – so die Theorie – konnte er sich wieder zurückverwandeln. Doch nicht nur das, er konnte sogar wieder in die Gesellschaft integriert werden.

So wird beispielsweise von Damarchos von Parrhasia berichtet, dass er sich von einem Werwolf wieder zurückverwandelt habe. Um 400 v. Chr. habe er dann eine steile Karriere als Faustkämpfer hingelegt und wurde sogar Olympiasieger. Das größte Comeback vor Lazarus.

Die Integration von (ehemaligen) Werwölfen in die Gesellschaft war später jedoch so eine Sache. Im Früh- und im Hochmittelalter galt die Verwandlung in einen Werwolf unter den Gelehrten lange noch als volkstümliche Fantasterei – der

Werwolf existierte in diesem Zeitraum theologisch nicht. Im Volksglauben war die Figur des Werwolfs eher ambivalent besetzt. Werwölfe galten als aus der Gesellschaft ausgeschlossene Menschen, die sich gegen ihren eigenen Willen in Wölfe verwandelt hatten. Dies änderte sich in der Frühen Neuzeit unter anderem durch den einflussreichen französischen Staatsdenker Jean Bodin. Für den Gelehrten standen Werwölfe eindeutig im Dienst des Teufels. Ihre Verwandlungen gehörten zu den teuflischen Werken. Bodin vermischte in seiner Theorie klassische Elemente der katholischen Hexenlehre und kombinierte sie mit bereits vorhandenen volkstümlichen Vorstellungen über den Werwolf. Nun gab der Teufel mystische Salben an Menschen, die, wenn man sich damit einrieb, zu einer Verwandlung führten. Es gab auch die Annahme, dass das tierische Fell des Wolfes unter der menschlichen Haut lag und der Mensch es bei der Verwandlung in einen Werwolf nach außen drückte.

Manche mittelalterlichen Dämonologen spekulierten allerdings über den Wolf, dass es ihn als solches eigentlich gar nicht gebe. Der Teufel könne sich, so steht es auch im *Hexenhammer*, dem Standardwerk über Hexen, Teufel und Dämonen schlechthin, zu allen Formen verdichten – auch Wolken wären möglich, so wurde dort vermutet. Demzufolge wären Wölfe, so die dämonologische Theorie, generell eher verwandelte Zauberer, die dem Menschen auf Befehl des Teufels hin schadeten und ihn gezielt verwirrten.

Offiziell verbreitete Fahndungen und professionelle Werwolfjäger schürten die Furcht. Diese Angst führte ab der Mitte des 16. Jh. in manchen Gegenden zu regelrechten Werwolfpaniken. Eine Besonderheit der betroffenen Landstriche war, dass der Boden dort vielfach nur einen ganz rudimentären Ackerbau zuließ, weshalb sich eine primäre Weidekultur mit Kühen, Schafen und Ziegen entwickelt hatte. In solchen Regionen waren die Bewohner davon überzeugt, dass sie von Werwölfen umlagert waren. Ganz einfach deshalb, weil diese Regionen häufig von echten Wolfsrudeln durchzogen wurden. Es war auch die Konkurrenzsituation zwischen Tier und Mensch, die dazu führte, dass der Wolf als satanisches Tier herhalten musste und der Teufel selbst sogar ›Erzwolf‹ genannt wurde.

Der Glaube an Tierverwandlungen beschränkte sich allerdings nicht nur auf Wölfe. Der Teufel selbst soll sich zudem mit Vorliebe in einen schwarzen Kater [s. auch Kap. 6] verwandelt haben. Dies wird insbesondere in der 1233 erschienenen Bulle von Papst Gregor IX. beschrieben. Dieses päpstliche Schreiben enthielt einen Aufruf zum Kreuzzug gegen die Ketzer [s. auch Kap. 8]. Papst Gregor wurde zu diesem Thema über Mitteilungen von einem gewissen Konrad von Marburg in Kenntnis gesetzt, der seinerseits behauptete, ein Augenzeuge von teuflischen Messen gewesen zu sein. Er gab darin an, er habe den Teufel zu diesen Veranstaltungen in Gestalt eines Katers gesehen. So würde der Kater am Anfang dieser Zusammenkünfte auf den Hintern geküsst und mit ihm Orgien gefeiert. Seither galt der Kater vielfach als ein Symbol für Unzucht und für den Teufel selbst.

DER TEUFEL ALS TIER

Manchen Tieren misstraute man auch ohne eine Verwandlung – so beispielsweise dem Ziegenbock. Er galt als das Reittier der Hexen, wenn sie zu Hexensabbaten reisten. Er brachte sie also zu den Orten, an denen angeblich ausschweifende Orgien gefeiert und der Teufel angebetet wurde. Nicht nur den Frauen wurde Lüsternheit nachgesagt, sondern auch ihrem Reittier. Bei anderen Tieren reichte ihre Anwesenheit oder Sichtung an bestimmten Orten aus, um sie den dämonischen Tieren zuzuordnen.

Der Chronist Notker von St. Gallen berichtete, dass er nachts einen großen schwarzen Hund in der Krypta einer Kirche gesehen hätte. Dabei konnte es sich seiner Meinung nach nur um den Teufel höchstselbst gehandelt haben. Ausgeschlossen, dass sich ein gewöhnlicher Hund einfach verlaufen hatte. Auch in gerichtlichen Protokollen von Prozessen, in denen es um Zauberei oder Hexerei ging, findet sich hin und wieder die Anmerkung, dass Delinquenten große, schwarze Hunde mit sich führten.

Anderen Tieren gelang eine teuflische Reputation auch ohne einen angsteinflößenden Körperbau – so wie der Kröte und dem Frosch. Beide Amphibien galten als besonders unrein und giftig. Über die Kröte kursierten im Mittelalter zahlreiche Mythen und Gerüchte, die mit der Realität nicht viel zu tun hatten. So hielt sich beispielsweise hartnäckig das Gerücht, der antike römische Kaiser Nero habe selbst einmal beschlossen, das Wunder der Geburt am eigenen Leib nachzuempfinden. Angeblich sei ihm das auch mithilfe seiner Leibärzte gelungen – je nach Erzählweise gelang die Befruchtung auf künstliche Weise oder als Resultat einer homosexuellen Zusammenkunft. Nach neun Monaten soll Kaiser Nero jedenfalls eine Kröte geboren haben.

Dass Kröten und Frösche in den mittelalterlichen Bestiarien und Naturenzyklopädien (Tierbüchern, die von Theologen geschrieben wurden, die die Forschung ihrer Zeit bestimmten) dem Erdgetier zugeordnet wurden, war fundiert geltende scholastische Lehrmeinung. Hierbei wurden bestimmte tierische Eigenschaften nicht nur beschrieben, sondern auch gemäß des christlichen Lasterkatalogs interpretiert. Diese Formen der Erdtiere lebten demzufolge abgewandt vom göttlichen Licht in der Dunkelheit, zum Beispiel zwischen Mauerritzen, unter Steinen und in Sümpfen. Also an Orten, an denen man auch Dämonen und den Teufel vermutete. Frösche und Kröten waren oft nicht nur bloß teuflische Tiere, sondern wurden als der Teufel selbst betrachtet. Ganz dem lateinischen Sprichwort folgend: *Rana vel diabolus in forma eius* – Ein Frosch oder der Teufel in Gestalt eines Frosches.

Frösche, Kröten und Schlangen gehören darüber hinaus zu den einzigen Lebewesen, die in den schriftlichen Dokumenten der Zeit ausschließlich negativ beschrieben wurden [s. das nachfolgende Unterkapitel]. Selbst der schwarze Kater hatte einen besseren Ruf, immerhin wurde er in manchen Enzyklopädien noch positiv als Mäusefänger beschrieben. Kröten und

Fröschen wurde eine enge Verbindung zur Katze nachgesagt. Die Benediktinerin Hildegard von Bingen und der Franziskaner Berthold von Regensburg beschrieben in ihren Werken beide ein ähnliches Szenario: Katzen, so hatten sie beobachtet, leckten gern an Kröten. Dabei vergifteten sie sich und wurden somit auch zu einer Gefahr für den Menschen. Die Berichte des Konrad von Marburg über Katzen und Kröten bei satanischen Zusammenkünften verdichteten im 13. Jh. dieses Bild. Der bereits erwähnte Papst Gregor IX. war von diesen Texten so inspiriert, dass er seinerseits ein Schreiben mit dem Titel *Vox in Rama* (dt.: Die Stimme in Rama) verfasste. Dessen Absicht war es, das Handwerk und Treiben von angeblich satanischen Sekten aufzudecken. In *Vox in Rama* findet sich zudem ein längeres Kapitel über die Rolle, die Kröten bei den Zusammenkünften solcher von Gott und der Kirche abgefallenen Sektierern spielten. Der genannte Titel war so beliebt, dass der Bischof von Paris, Wilhelm von Auvergne, in Kröten Götzendiener sah und darum Mitte des 13. Jh. kurzerhand alle Kröten in der Region töten ließ.

TIERISCHE SYMBOLIK

Ein weiterer Grund, warum Kröten und Frösche bei meinungsbildenden Christen ein schlechtes Standing hatten, war ihr meist hoher Ritualwert, den sie in anderen Religionen innehatten. Bei den Ägyptern beispielsweise sagte man Kröten und Fröschen eine große symbolische Bedeutung nach. Wenn die Dürreperiode durch die Nil-Überschwemmungen beendet wurde, tauchten immer wieder unzählige von ihnen auf. So wundert es nicht, dass die Kröte und der Frosch auch im Gefolge der Göttin Heqet auftauchten – die Beschützerin der Schwangeren und Neugeborenen. Plötzliches unvermitteltes Auftauchen aus dem Wasser, wo vorher keines war, funktionierte gut als assoziative Verknüpfung mit Schoß, Wasser, Fruchtbarkeit und sich entwickelndem Leben.

Die Christen hingegen hörten im Quaken der Frösche nicht eine Hymne an die Fruchtbarkeit, sondern codierten es um in ein die Keuschheit und Sittlichkeit gefährdendes Gegröle. Die Kröte wurde somit mit Unzucht in Verbindung gebracht. Die Verbindung zwischen Teufel und Sex war ein oft vorkommendes Motiv der christlichen Frömmigkeit [s. Kap 3].

Ähnlich war es mit Ziege und Ziegenbock. In der griechischen Antike beispielsweise waren sie noch beliebte Opfertiere für den Gott Zeus. Der Hirtengott Pan wurde in Gestalt eines Ziegenbocks dargestellt, er galt jedoch schon in der Antike als lüstern. Deshalb ist es nicht verwunderlich, dass der griechische Philosoph Aristoteles in einigen seiner Schriften über Sexualität explizit über den Trieb von Ziegen spricht und sie mit der von jungen Männern vergleicht. Gerade Aristoteles gehörte im Mittelalter zu den stark rezipierten antiken Philosophen. Vielleicht ist dies bereits einer der Gründe, warum der Ziegenbock als triebhaftes Reittier in der folgenden Zeit Hexen so oft zu ihren Orgien brachte.

Auch die Katze, die beispielsweise bei den Ägyptern durch die Katzengöttin Bastet (Göttin der Fruchtbarkeit) noch einen hohen kultischen Wert hatte, war im christlichen Kontext eher negativ besetzt. Weibliche Gottheiten aus verschiedenen heidnischen Religionen, wie Freya, Bertha und Bastet, verband ein besonders nahes Verhältnis zu Katzen. Diese Katzenliebhaberei führte unter anderem dazu, dass Katzen im Christentum – einer patriarchalen Religion – als weiblich assoziiert und mit einer Reihe negativer Eigenschaften besetzt zu einem teuflischen Tier wurden. Indem Katzen wie Frauen Lüsternheit und sexuelle Begierde nachgesagt wurde, wurden sie besonders anfällig für den teuflischen Schadenszauber und galten von nun an als listig, unkeusch und gefährlich.

Einen ähnlichen Bezug zu antiken Religionen gibt es auch beim (schwarzen) Hund. Hunde wurden aufgrund ihrer Treue zum Menschen in kultischen Darstellungen oftmals als Begleiter der Menschen ins Totenreich genutzt. Allerdings folgten Hunde, Kojoten und Schakale nicht nur dem Menschen ins Totenreich, sie finden sich auch auf Darstellungen von Göttern und mythologischen Gestalten. Ein schwarzer Hund begleitet in der griechischen Mythologie den Jäger Orion und im alten Ägypten gab es den Gott Anubis, der oft als schwarzer Hund oder als Gott mit Hundekopf dargestellt wurde. Die heidnischen Götter galten im Christentum generell als Götzen. Und die Götzen wurden zu Dämonen. In der christlichen Tugendlehre waren es diese Dämonen, die den Menschen schließlich auf verschiedene Arten zur Sünde verführten.

Auch für den Sprung in die Gegenwart erscheint es nicht überraschend, dass selbst im modernen Satanismus der Hund symbolisch für den umgekehrten Gott steht – er verkörpert den Teufel selbst. Deutlich wird dies auch im englischsprachigen Palindrom *God – Dog*, es handelt sich hierbei nämlich nicht nur um eine sprachliche Spielerei, sondern liegt in der mythologischen Bedeutung des Hundes begründet.

Im frühneuzeitlichen Recht ist der Begriff »Wolf« gleichbedeutend mit »Verbrecher«. »Konkurrent um Nahrungsmittel« hätte wahrscheinlich zu gestelzt geklungen. Bereits in der Art, wie der Wolf in dunklen, von Nadelwald bewachsenen Schluchten steht, den Kopf zurückwirft und mit Inbrunst den Mond anheult, sah man eine Gotteslästerung. Das beobachtete jedenfalls der katholische Prediger und Poet Abraham a Sancta Clara. »Diejenigen sollten ohne Zunge sein, welche eine Wolfszunge haben. Und diese sind die Gotteslästerer«, notiert er in seinen Schriften. »Ein Wolf hält den Kopf in die Höhe, über sich den Himmel, und heult. Nicht weniger hebt auch ein Gotteslästerer sein Haupt aus Grimm und Zorn gegen den Himmel: Gegen seinen Erschaffer, gegen seinen Erlöser.«

Manche Tiere wurden im Mittelalter und in der Frühen Neuzeit aus unterschiedlichen Gründen für dämonische Helfer oder sogar für die Inkarnation des Teufels gehalten. Meistens weil sie in Konkurrenz zum Menschen standen. In Gegenden, die nur einen rudimentären Ackerbau zuließen und wo die Bauern von und mit ihren Weidentieren lebten, waren insbesondere Wolfsrudel, die ihre Schafe und Ziegen rissen, schlicht eine Gefahr für die eigene Existenz. So erschließt es sich leicht, dass der Wolf als ein gefährliches Tier mit dem Teufel in Verbindung gebracht wurde. Menschen mit Wer-Problemen, also Menschen, die sich gegen ihren Willen in Tiere verwandeln, waren für die Gesellschaft problematisch. Man konnte sich auf sie nicht verlassen.

Nicht ganz so leicht zu verstehen ist es hingegen, warum scheinbar harmlose Tiere, wie Katzen, Kröten oder Frösche, das absolut Böse verkörpern. In Naturenzyklopädien wurden ihre physischen Eigenschaften mit Eigenschaften des Bösen gleichgesetzt und überschrieben. Die Autoren dieser Werke waren meist christliche Gelehrte, die ihre Aufgabe darin sahen, den Menschen Sachwissen über die Welt zu vermitteln. Die Beschreibungen dieser Dinge sollten den Lesern nicht nur die Eigenschaften aufzeigen, sondern auch ihre spirituelle Bedeutung nahelegen.

Die Welt wurde oft als Kampfplatz zwischen Gut und Böse angesehen. Und über die Kenntnisse zum Bösen in der Natur sollte im Gegenzug auch eine Erkenntnis Gottes folgen. Tierinterpretationen waren daher sehr populär und oftmals konkret als Hilfestellungen für Priester gedacht. Sie ließen sich aufgrund ihrer leicht nachvollziehbaren Bildsprache und wegen ihrer Anschaulichkeit gut mit volksnaher Rhetorik verknüpfen. Die Darstellungen in den entsprechenden Werken und der beispielhafte Charakter der Tiersymboliken in den Predigten führten dazu, dass im »einfachen Volk« der Teufelsglauben gefördert wurde, sich verfestigte und sich gesamtgesellschaftlich rasant ausbreiten konnte.

6. MONSTRÖS UND WARNEND

In einer warmen Augustnacht des Jahres 1474 prasselt in Basel ein Feuer. Der Zeitzeuge und Chronist Johannes Knebel berichtet in seinen Chroniken über diesen 4. August, dass »im Beisein von vielen Männern und Weibern unfern der Henkers-Wohnung auf dem Kohliberg« ein Scheiterhaufen errichtet wurde. Über das Knistern des Feuers und das Knacken der Holzscheite hinweg schallt eine Predigt. Mit Bibeldonner und markigen Worten erzählt der örtliche Geistliche von Apokalypse, Tod, Teufel, Sünden, Verletzung der Naturgesetze und der Verachtung des Evangeliums. Während die Funken sprühen, werden ein toter Hahn und drei längliche Eier vor einer jubelnden Menge in die Flammen geworfen. Die Geschichte dahinter ist schnell erzählt: Der Chronist berichtet, an diesem Tag »ward zu Basel ein sechs Jahre alter Hahn gefunden, der Eier legte«. Man kann sich gut vorstellen, wie ein namentlich nicht genannter Bauer am Morgen dieses 4. Augusts bei seinem Gang in den Hühnerstall den Schrecken seines Lebens bekommt. Die Türschwelle seines Hühnerstalls bietet ihm einen direkten Blick in die Abgründe der Hölle. Denn vor ihm sitzt sein sechs Jahre alter Hahn und beginnt eine Sünde wider die Natur: Er legt ein Ei. Der Bauer verkennt den Ernst der Lage nicht und sucht sich Beistand. Er bringt den Hahn sowie das längliche Ei zu einem Liktor – einem gehobenen städtischen Verwaltungsangestellten. Auch die kommunale Verwaltung erkennt die Gefahr hinter dem Mitbringsel des anonymen Landwirtes schnell. So macht sich eine Gruppe von Menschen auf zum Kohlenberg, wo das Haus des Henkers steht. Hier wird der Hahn zunächst vorsorglich geköpft und dann erst weitergehend untersucht. Der ganze Fall nimmt schließlich an Dramatik zu, als der Henker zwei weitere Eier im Inneren des Hahnes findet. Das nachfolgende Geschehen kann als Beleg dafür verstanden werden, dass sich gemeinschaftlich nichts so schnell aufbauen lässt wie ein Scheiterhaufen.

EINDRUCKSVOLLE MITTEILUNGEN

Dieses vielleicht für heutige Verhältnisse etwas überspannt anmutende Verhalten der Bevölkerung Basels beim zugegeben seltenen Anblick eines eierlegenden Hahns hatte durchaus einen zeitgenössisch triftigen Grund: Die Menschen fürchteten, dass aus dem Hahnenei ein Basilisk schlüpfen könnte. Dem damaligen Stand der wissenschaftlichen Erkenntnis nach brüteten Kröten, Schlangen oder Frösche solche Hahneneier aus und verhalfen einem Basilisken zum Leben. So beispielsweise auch festgehalten in der alchemistischen Beschreibung von Theophilus Presbyter aus dem 12. Jh.

Wenn also ein solches Ei plötzlich mitten in der Stadt auftauchte, war schnelles Handeln gefragt, denn das, was da im Ei vermutet wurde, trieb den Leuten den kalten Schweiß auf die Stirn. Ein Mischwesen mit Hahnenkopf und Flügeln mit einem amphibischen Körper, z. B. dem einer Schlange, und auf zwei Hühnerbeinen unterwegs. So zeigen es zumindest mittelalterliche Darstellungen. Es handelt sich um einen Anblick, der es schwer macht, vor der schöpferischen Ordnung ehrfürchtig den Kopf zu senken. Vielmehr lädt dieser Anblick dazu ein, stirnrunzelnd davorzustehen und sich zu denken: Was ist das denn?

Doch nicht nur der Anblick eines Basilisken ist schrecklich und verstörend. Auch von ihm sollte man sich nicht ansehen lassen. Sein Blick soll den Tod bringen, er lässt sein Gegenüber zu Stein werden. Wenn also alte Hähne den Naturgesetzen trotzten und Eier legten, konnte niemand anderes als der Teufel die Verantwortung dafür tragen!

Nach dieser Beschreibung ist klar: Beim Basilisken handelt es sich um ein Monster. Und zwar im wahrsten Sinne des Wortes. Das Wort »Monster« leitet sich von den lateinischen Verben *monstrare* (zeigen) bzw. *monere* (warnen) ab. Das Auftauchen eines Monsters, in unserem Fall des Basilisken, ist also ein Zeichen, eine Warnung an die jeweilige Gesellschaft. Vielleicht, weil sich die Gesellschaft durch fragwürdiges Verhalten offensichtlich von der göttlichen Ordnung entfernt hat. Sichtungen von Monstern oder anderen wundersamen Naturerscheinungen – wie Kometen am Himmel – wurden im späten Mittelalter vielfach auf Flugblättern verbreitet. Als historische Quellen erhalten, liefern sie uns heute Einblicke, wie diese Erscheinungen damals erklärt und gedeutet wurden – dabei kam sehr selten etwas Gutes heraus.

Die Intention hinter vielen Flugblättern war es, Mitmenschen über die aktuellen Willensäußerungen Gottes zu berichten, denn man glaubte, dass Gott sich durch Monster und vermeintliche Wunderzeichen den Menschen mitteilte. In der Medienkultur des Spätmittelalters und der Frühen Neuzeit war das Verbreiten solcher Wundernachrichten demnach eine christliche Pflicht. Dieser Vorstellung entsprechend benutzte Gott seine Schöpfung sozusagen als Nachrichtensender. Wer diese Nachrichten richtig deutete, konnte ableiten, welches Verhalten das Erscheinen eines Monsters ausgelöst hatte, wie man es wieder vertreiben und damit die nahende Katastrophe im Bestfall vermeiden konnte. Ungünstig war, dass bei diesen Nachrichten immer unklar blieb, welche Strafen Gott androhte und wann und wo sie erfolgen sollten.

Monstersichtungen oder ein mögliches Auftauchen von Monstern lässt sich als Konsequenz und Mahnung für menschliches Fehlverhalten verstehen. Mit der Verkündung einer solchen Botschaft war schnelles Handeln angebracht, denn schließlich kam die Botschaft über teuflische Umwege direkt von Gott. Dass ein solches göttliches Zeichen auch die Position der Kirche stärkte, die als Sprachrohr Gottes diente, war sicherlich ein nützlicher Nebeneffekt (für irdische Würdenträger).

TEUFLISCHE MONSTER

Doch: Monster ist nicht gleich Monster. Es gibt relevante Unterschiede. Beispielsweise zwischen Monstern, Fabelwesen und missgebildeten Menschen, die in fernen Ländern mittelalterlicher Weltkarten abgebildet wurden und die der damaligen Vorstellung nach die äußere Peripherie der bekannten Welt – Berggipfel, Höhlen, Sümpfe, Wüsten und Ozeane – bewohnten. Auch in Berichten über die Geburt von Hasen oder Kälbern mit zwei Köpfen oder von siamesischen Zwillingen wird von Monstern gesprochen. Mit einem Basilisken in einen Topf werfen lassen sich diese dennoch nicht. Erstgenannte »Monster« werden eher als »Missgestaltungen« interpretiert und zum Teil als Wunder noch irgendwie in die göttliche Schöpfung miteingeordnet. Teuflische Monster, wie der baseler Basilisk, fallen in eine andere Kategorie von Monstern.

Bezogen auf Sirenen, Drachen und Giganten stand für christliche Theologen im Vordergrund, gegen dämonisierte heidnische Gottheiten anzukämpfen. Auch hierbei wurde natürlich der Teufel ins Spiel gebracht. Er wurde in der christlichen Welt mit Tieren oder Wesen gleichgesetzt, die in anderen Religionen eine hohe kultische Relevanz hatten [s. Kap. 5].

Die Schlange ist hierfür ein geeignetes Beispiel. Alle schlangenartigen Wesen – hierzu zählt auch der Drache – wurden im Mittelalter mit dem Teufel gleichgesetzt. In antiken Quellen können wir aber lesen, dass Drachen ursprünglich zum Teil als göttlich angesehen wurden und im Zentrum religiöser Kulte standen. Es gab Grotten und Höhlen, die ihnen geweiht waren. Dort wurden ihnen sogar Opfer dargebracht. Für christliche Gelehrte des Mittelalters war dies äußerst verdächtig. Und wenn Drachen nicht direkt mit dem Teufel gleichgesetzt wurden, so wurden sie doch von ihm instrumentalisiert und zu einem teuflischen Werkzeug gemacht. Die Existenz von Drachen leitete man übrigens aus antiken Zeugnissen sowie durch angebliche Funde von Drachenkadavern oder riesigen Knochen ab, die man in Höhlen entdeckte [s. Kap. 1].

Ähnliches gilt für die Giganten. Ihre Existenz wurde durch die Erwähnung in der Bibel und den Fund von riesigen Knochen als gesichert angenommen. So beispielsweise im 15. Jh., als Hirten beim Errichten eines Stalls auf Sizilien eine Höhle mit den angeblichen Überresten Polyphems, des Zyklopen aus Homers *Odyssee*, entdeckten. In dieser Höhle soll ein Thron gestanden haben, auf dem ein riesenhafter, skelettierter Leichnam saß, der allerdings bei der ersten Berührung zu Staub zerfiel. Überlieferungen zufolge blieben trotz dieses Umstands Zähne, ein Teil des Schädels und ein Knie erhalten. Diese Überreste dienten als Grundlage für eine Berechnung der Größe des vermeintlichen Giganten. Man schätzte ihn auf 200 Ellen – was umgerechnet einer Größe von stattlichen 90 Metern gleichkommt. Für die Zeitzeugen vor Ort war hiermit völlig klar: So ein Wesen konnte nur durch teuflisches Wirken entstehen. Die Größe des Giganten leitete man von einem weiteren teuflischen Trick an den Menschen ab: Man nahm an, dass so ein Riese nur durch dämonischen Samenraub entstehen konnte. Laut der Quellen war hierbei ein denkbares Szenario, dass ein Dämon sich auf Geheiß des Teufels in eine Katze verwandelte, um daraufhin menschlichen Samen aufzulecken und ihn dann zu einer Frau »zu bringen«, die den Riesen schließlich austrug.

So entstand eine Kreatur, die nach dem Willen des Teufels geformt wurde. Diese Giganten hatten – nach Ansicht vieler mittelalterlicher Experten – eine denkbar schlechte Geisteshaltung und waren durch den dämonischen Samenraub sehr anfällig dafür, zu einem Werkzeug des Teufels zu werden. Eine naheliegende Schlussfolgerung, schließlich vereinten sich in ihnen Mensch und Dämon.

Ebenfalls als unnatürlich betrachtet wurden Menschen, die sich angeblich in Tiere verwandeln konnten – wie der bereits erwähnte Werwolf [s. Kap. 5]. Im *Hexenhammer*, dem Standardwerk des Spätmittelalters für die Identifizierung und Bekämpfung von Teufeln und Hexen, wurden solcherlei Phänomene als reines Gaukelwerk des Teufels diskutiert. Bei ihnen handele es sich um bloße Illusionen, hervorgerufen allerdings durch den Teufel, der die Einbildungskraft des Menschen geschickt austrickste und sie glauben ließ, ein Werwolf stehe im Schein des Vollmondes vor ihnen auf einem Waldweg.

Dachte man im Mittelalter noch, dass sich Menschen ohne eigene Schuld, also durch teuflisches Fremdeinwirken, in Werwölfe verwandelten, wurde aus dem Werwolf in der Frühen Neuzeit ein Teufelsbündner, der aus freien Stücken im Auftrag der Bösen handelte. So wurden tatsächliche Wolfsangriffe auf Menschen zu teuflischen Angriffen umgedeutet. Der Vorteil: Wenn man so eine Aggression eines anonymen Tieres einem bestimmten Menschen zuweist, wird das Böse in dieser Situation personalisiert und somit auslöschbar.

GEGENMAßNAHMEN

Wenn das Böse einmal personalisiert war, das Monster »greifbar«, so ließen sich auch Gegenmaßnahmen entwickeln, die Monster effektiv bekämpften. Konrad von Mengenbach, ein Geistlicher des 14. Jh., beschreibt in seinem *Buch der Natur* die Taufe als ein wirksames Mittel gegen Monster. Allerdings ließen sich Mengenbach zufolge überhaupt nur Monster mit einem menschlichen Kopf taufen. Keine Hilfe also beim Basilisken, denn dieses Monster hatte einen Hahnenkopf. Gegen ihn sollten zwei Dinge helfen: Ein Spiegel, der seinen tödlichen Blick auf ihn zurückwirft. Und, ja, Sie lesen richtig: ein Wiesel!

Bereits der römische Naturforscher Plinius beschrieb in seiner Naturgeschichte, dass das Wiesel der Erzfeind des Basilisken sei. Als Grund führte der antike Gelehrte den strengen Geruch des Wiesels an. Dieser sei genauso penetrant wie der Geruch des Basilisken. Deshalb sollte man, so Plinius, ein Wiesel in die Höhle eines Basilisken werfen. In der Aerosolblase der »Basiliskenhöhle« würde so eine olfaktorische Pattsituation entstehen, die Wiesel und Basilisken – ganz melodramatisch – gemeinsam zum Tode verurteilte.

Als Maßnahme gegen Werwölfe half, neben der allseits bekannten Silberkugel, vor allem die Verstümmelung. Wer damals auf Werwolfjagd ging, hielt zunächst Ausschau nach Wölfen, denen bereits der Schwanz fehlte oder solchen, die menschliche Hände an den Unterseiten ihrer Pfoten hatten. Wenn man also auf einen Wolf traf, musste man sich zunächst dessen Pfoten zeigen lassen. Da dies, zugegebenermaßen, in der Praxis nicht so einfach umsetzbar war, wurde sicherheitshalber aktiv auf eine Verstümmelung gesetzt. Schoss man auf einen Wolf, der sich daraufhin in ein Dickicht rettete, ging man davon aus, dass die zugefügte Verletzung zwangsläufig dazu führte, dass sich der Werwolf wieder in einen Menschen zurückverwandelte. In der Regel bedeutete dies leider großes Pech für die Person, die der Jagdgruppe nun als Nächstes auf dem Waldweg begegnete. Der Trick mit der Verstümmelung galt übrigens bei allen verwandelten Monstern als Mittel der Wahl. Nennen wir sie der Einfachheit halber »Menschen mit Wer-Problemen«.

Der mittelalterliche Gelehrte Johannes Hartlieb schreibt in seinem *Buch der verbotenen Künste*, dass er selbst bei einem Besuch in Rom mitbekommen habe, dass sich Menschen in Katzen verwandelt und in dieser Gestalt Kinder getötet hätten [s. Kap. 5]. Seinen Ausführungen zufolge erwischte ein Bürger eine Werkatze beim Versuch, ein Kind zu beißen, und versetzte ihr mit einem Knüppel einen ziemlich heftigen Schlag auf den Kopf. Allerdings konnte die Katze entkommen. Als er einige Tage später mitbekam, dass seine Nachbarin mit einer Kopfwunde im Bett lag, machte er pflichtbewusst eine Mitteilung an den Senat. Die Frau wurde daraufhin verbrannt.

Bei der Beschreibung von Monstern war es nicht unüblich, Auffassungen von antiken Gelehrten, wie Plinius, Aristoteles oder Herodot, miteinzubeziehen. Es handelte sich natürlich nicht um eine Vorlage à la »Monster basteln mit Dr. Frankenstein«, mit der jeder machen konnte, was er wollte. Die meisten dieser Monstervorstellungen waren, wie wir bereits gesehen haben, Relikte aus den Beschreibungen antiker Gelehrter, die im Mittelalter neu diskutiert, beschrieben und eingeordnet wurden.

Es bleibt also festzuhalten: Monster stören die Ordnung der Natur und negieren zudem die göttliche Ordnung. Diese teuflischen Monster stehen, wie der Teufel selbst, für den ethisch-moralischen Verfall. Und um dies besonders eindrucksvoll darzustellen, kommt es ab dem Spätmittelalter zu regelrecht exzessiven Teufels- und Monstrendarstellungen. Damit jedes Monster seinen ganz individuellen Schrecken bekommt, wird auf alle möglichen Fabelwesen, mystische Gestalten und menschliche Attribute aus antiken, nahöstlichen und heidnischen Quellen zurückgegriffen.

Wenn wir an den Basilisken auf dem mittelalterlichen Marktplatz von Basel zurückdenken, wird deutlich, dass so ein Wesen keine unauffällige Symbiose mit seiner unmittelbaren Umwelt eingeht. Im Gegenteil, ein Basilisk ist seiner Umwelt völlig entfremdet: Er passt durch keine Tür, die Abstände der Marktstände sind nicht auf seine Schrittlänge ausgelegt und sein versteinernder Blick ist nicht gesellschaftsfähig. Wäre der Basilisk aus dem Ei geschlüpft, man hätte Basel dichtmachen können. Am Ende hätte nur noch ein Schild am Stadttor gehangen, auf dem Besucher hätten lesen können: Basel. Lebensechte Terrakottastatuen für Selbstabholer.

Hier hatte offensichtlich nicht Gott, sondern der Teufel seine ungewaschenen Finger im Spiel. Die große Gefahr lag für die Menschen des Mittelalters darin, dass Monster, wie der der Basilisk, nicht mehr an den Rändern der bekannten Welt zu finden waren, sondern mitten im Alltag. Genau hierin zeigt sich das Teuflische: eine Gefahr, die plötzlich mitten in die Lebensrealität einfacher Leute eingefallen war.

7. MANIPULATIV UND GEFÄHRLICH

Mit einer verblüffenden Selbstverständlichkeit setzen die Schriften der frühen Kirche die Existenz von Teufeln und Dämonen voraus. Sie berufen sich auf diese Gestalten, die zwar in der hebräischen Bibel vereinzelt auftauchen, aber keineswegs einen zentralen Aspekt in der damaligen Theologie darstellen, um das Böse zu erklären. Jene dämonischen Gestalten dienten im Neuen Testament und in den Schriften der Kirchenväter dazu, die unmittelbar erfahrbare, oft unerklärliche und negative Realität zu deuten.

Diese Entwicklung, die den Dämonen größere Aufmerksamkeit zuteilwerden ließ, zeichnete sich bereits in jüdischen Schriften ab, die in der Zeit um Jesu Geburt verfasst, aber nicht Teil der hebräischen Bibel geworden sind. In ihnen wurde die Konzeption des Teufels aus der alten jüdischen Tradition ausgebaut und klar differenziert. Die Figur des Teufels wurde massiv aufgewertet. Schon längst nicht mehr wird er als singuläre Gestalt (zwar böse, aber immerhin Teil von Gottes Hofstaat) gedacht, sondern besitzt vielmehr ein eigenes Herrschaftsgebiet und befehligt eine eigene Armee von Dämonen. Durch sie und mit ihrer Hilfe kann er nicht nur Böses bewirken, sondern auch die Menschen manipulieren.

Die Schriften des Neuen Testaments sind in einer Zeit entstanden, in der bereits die Vorstellung herrschte, dass Dämonen auch im Inneren des Menschen leben. Diese Vorstellung war keineswegs negativ besetzt. Für die griechischen Philosophen war klar, dass diese »Geister« für positive, zuweilen auch göttliche Eigenschaften im Menschen stehen. Ein Bild, das sich in römisch-hellenistischer und frühchristlicher Zeit insofern wandelte, als Dämonen nun zu bösartigen und unheilvollen psychischen Kräften wurden. Sie konnten von einem Menschen regelrecht Besitz ergreifen; dieser war ihnen dann völlig ausgeliefert. Solche Besessenheit musste glücklicherweise nicht von Dauer sein. Die Überwindung des Teufels oder eines seiner Mitarbeiter ist in den Erzählungen der Evangelien ein wiederkehrendes Motiv. Gerade durch seine Teufelsaustreibungen wird Jesus als vorbildhafte Figur der eschatologischen Heilszeit skizziert, in der das Reich Gottes auf der Erde etabliert und das Böse endgültig besiegt sein wird.

TEUFELSAUSTREIBUNGEN

Jesus ist vor allem für seine Wunder und sein heilendes Wirken bekannt. Allerdings ist man sich in der modernen Bibelforschung einig, dass von den vielen überlieferten Wundertaten lediglich seine Exorzismen, also die Teufelsaustreibungen, historisch tatsächlich so stattgefunden haben dürften. Aus heutiger Sicht ist unbestritten, dass die im Neuen Testament beschriebenen Symptome der Teufelsbesessenheit in den Bereich der psychotischen bzw. psychosomatischen Krankheitsbilder fallen oder medizinische Ursachen hatten, wie beispielsweise einen epileptischen Anfall. Doch wir müssen uns darüber im Klaren sein, dass die Sachlage für die Verfasser dieser Erzählungen und Berichte damals eine ganz andere war. Im altorientalischen Weltbild war es üblich, im Grunde jedes von der Norm abweichende Verhalten dem Wirken des Teufels oder eines Dämons zuzuschreiben: Unkontrolliertes Schreien, Spucken, krampfhafte Zuckungen und Kontrollverlust infolge eines Unfalls oder aufgrund von Angst bzw. Trunkenheit galten damals als eindeutige Symptome dafür, dass dämonische Mächte am Werk sind.

Besonders einfühlsamen Menschen, die nach den Vorstellungen der damaligen Zeit mit einer himmlischen Macht ausgestattet waren, traute man jedoch zu, im Kampf gegen diese diabolischen Kräfte zu bestehen. Jesus war eine solche Person, aber er war bei Weitem nicht der Einzige, der solche Fähigkeiten hatte. Josephus Flavius etwa berichtet in seiner Schrift *Die jüdischen Altertümer* von einem gewissen Eleazar, der einen römischen Soldaten vom Teufel befreite, indem er ihm diesen aus der Nase herauszog. Als Beweis dafür, dass der Teufel den Mann tatsächlich verlassen hatte, soll Eleazar ihn noch genötigt haben, einen mit Wasser gefüllten Becher umzustoßen. (*Antiquitates* 8,45–49) Eine noch bekanntere Austreibung ist im Werk des griechischen Schriftstellers Lukian von Samosata nachzulesen. Dieser berichtet – mit einem nicht zu überhörenden ironischen Unterton – von einem berühmten Syrer aus Palästina. Der Syrer, so heißt es, »stellt sich vor den zu Boden liegenden Kranken und fragt, wo er [der böse Geist] in diesen Leib gefahren sei? Der Kranke spricht selbst kein Wort, aber der böse Geist antwortet auf Griechisch oder in irgendeiner ausländischen Sprache […]. Und weil der Geist nicht gehorchen will, treibt er [der Syrer] den Unhold aus dem Leib mit Drohungen heraus.« (*Lügenfreunde* 16). Die deutliche Polemik des Lukian bezieht sich auf die Tatsache, dass solche Teufelsaustreiber zwar häufig nicht sehr erfolgreich waren, sich aber dennoch nach jeder Behandlung »eine schöne Summe zahlen« ließen.

Auch Jesus geht mit dem Teufel nicht wesentlich anders um, auch wenn er kein Geld verlangt, zumindest ist das nicht belegt. Er spricht mit dem Dämon und treibt ihn schließlich mit Drohungen aus. Sein Ruf als erfolgreicher Exorzist reichte so weit, dass sogar Heiler, die nicht der Gruppe der Jünger angehörten, seinen Namen im Kampf gegen den Teufel einsetzten. Ganz zum Ärgernis seiner Jünger, die diese besondere Macht exklusiv für sich beanspruchen wollten: »Lehrer«, sagten sie daher einmal zu Jesus, »wir haben einen gesehen, der in deinem Namen Dämonen hinauswarf, und wir haben ihn gehindert, weil er uns nicht nachfolgte.« (Mk 9,38) Doch Jesus ist in dieser Hinsicht mit dem Handeln seiner Mitstreiter so gar nicht einverstanden. Der Kampf gegen den Teufel ist ihm so wichtig, dass er kommentiert: »Wer nicht gegen uns ist, ist für uns.« (Mk 9,40) Den Kampf gegen die Mächte des Bösen erklärt er zur obersten Priorität seiner irdischen Sendung.

BESIEGT UND DOCH ALLGEGENWÄRTIG

Der Anspruch der Evangelien liegt nicht darin, unmittelbare historische Begebenheiten aus dem Leben Jesu detailgetreu nachzuerzählen. Jedoch: Die Selbstverständlichkeit, mit der in den Berichten Teufel und Dämonen im Alltag der Menschen gegenwärtig sind, zeigt, dass in der jüdischen Erfahrungswelt des historischen Jesus mit derartigen Figuren gerechnet wurde. Der Teufel war real. Er war Ursache für Krankheiten und Behinderungen (Mt 12,22), aber vor allem gefährlich in seiner Rolle als Verführer; sogar die Verkündigung des Wortes Jesu konnte er verhindern (Mk 4,15).

Auch besonders böse Menschen wurden in dieser Zeit als »Teufel« bezeichnet. So sprechen die Evangelien, wie schon gesehen, beispielsweise von Judas, dem Verräter (Lk 22,1–4). [S. Kap. 2]

Ungewöhnlicher hingegen ist für uns heute die zweite Person, die mit dem »Teufelstitel« bedacht wird, handelt es sich doch um keinen Geringeren als Petrus. Jenen Petrus, dem kurz zuvor noch die Vollmacht des ersten Papstes anvertraut worden war, jenen Felsen, auf dem Jesus seine Kirche errichten will. Wie konnte es dazu kommen? Petrus hätte gerne eben diese Kirche mit Macht, Ruhm, vor allem aber mit einem ebenso unbezwingbaren wie unsterblichen Jesus ausgestattet gesehen. Doch dieser reagiert abweisend auf Petrus Mitteilung und beschimpft ihn: »Geh weg hinter mich, Satan! Du bist ein Skandal für mich, denn du denkst nicht die Sachen Gottes, sondern die Sachen der Menschen.« (Mt 16,23).

Zu dieser Zeit ist der Teufel keine diffuse, unheimlich-bedrohliche Macht, sondern eine ganz konkrete Gestalt mit beinahe menschlichem Verhalten. Obwohl vom Teufel also eine akute Bedrohung ausging, nahmen die Juden – und mit ihnen die ersten Christen – an, dass Gott bereits über den Teufel gesiegt hatte. Als ehemaliges Mitglied des himmlischen Hofstaates war er vom Himmel gestürzt (Lk 10,18) und auf die Erde gekommen, um hier sein Unwesen zu treiben. Der Teufel verfügte zwar über eine gewisse Macht auf Erden, konnte den Kampf gegen Gott aber nicht mehr gewinnen – er war ja bereits ausgefochten. Aus dieser Vorstellung heraus erklärt sich ein hoffnungsvoller Zukunftsglaube: Der Teufel – egal wie schrecklich die gegenwärtige Lage auch sein mochte – würde in Zukunft nichts mehr ausrichten können. Da die ersten Christen gesamtgesellschaftlich betrachtet eine Minderheit bildeten und Verfolgungen ausgesetzt waren, war für sie dieser Glaube essenziell. So konnten sie die eigene Bedrängnis als Wirken des Teufels interpretieren und diese wenigstens ein Stück weit erträglicher machen.

Es ist auch die Vorstellung, die in der Offenbarung, im letzten Buch der Bibel, mit einer Fülle an Details zu Ende gedacht wird. Johannes schildert die Begegnung des Teufels als Protagonisten der letzten epischen Schlacht mit dem auferstandenen, im Himmel thronenden Christus. Ein Kampf, der dazu führt, dass der Teufel zunächst noch eine Weile sein Unwesen auf der Erde treiben kann, bis er endgültig überwunden und für alle Ewigkeit in den Tiefen eines Feuersees gequält wird (Off 20,10).

Die biblische Botschaft ist so simpel wie revolutionär: Am Ende wird der Gläubige immer gegen die Mächte des Bösen gewinnen. Ist man im Moment noch großem Leid und Unterdrückung ausgesetzt, ist gewiss, man muss nur ausharren und hoffen. Für die damaligen Adressaten dieser Schriften war die Botschaft klar: Die Mächtigen der Welt – gemeint sind die Vertreter des Römischen Reiches – können die kleinen Christengemeinden verfolgen, doch besiegen werden sie sie niemals.

JESUS, DIE RÖMER UND 2000 SCHWEINE

Die ersten Christengemeinden wurden vom Römischen Reich brutal verfolgt. Vor diesem Hintergrund verstanden sie den in den Evangelien stilisierten Kampf Jesu mit dem Teufel. Dieser historische Kontext ist heute in Vergessenheit geraten: Kaum jemand bringt heute noch den Teufel in den Evangelien mit dem römischen Kaiser in Verbindung. Doch bereits das erste Treffen zwischen Jesus und dem Teufel, das im Markusevangelium nur kurz Erwähnung findet (Mk 1,12–13), trägt sowohl im Matthäus- (Mt 4,1–11) als auch im Lukasevangelium (Lk 4,1–13), wo es sehr ausführlich und nahezu identisch beschrieben wird, sehr klare Merkmale einer politischen Auseinandersetzung mit dem römischen Imperium. In der Bibelforschung ist man sich heute einig, dass diese Episode nicht historisch ist und bei Matthäus und Lukas im Nachhinein ergänzt wurde. Sie wurde von Menschen verfasst, die davon überzeugt waren, dass Jesus auferstanden ist und bald als Messias der Endzeit zurückkehren würde. Dadurch wird Jesu Sieg über den Teufel, der ihn zu verführen versuchte, zum Sinnbild für den endgültigen Triumph der Christen über die Mächte der Finsternis. Betrachtet man nun die Textstelle zur Versuchung Jesu genauer, fällt auf, dass der Schauplatz ihres Treffens die Wüste ist. Bereits in der biblischen Tradition des Alten Testaments ist die Wüste der Wohnort des Teufels, der Dämonen und bösen Geister. Nach einer vierzigtägigen Fastenzeit wird Jesus also an diesem Ort vom Teufel besucht. Trotz mehrfacher Aufforderung ist er aber nicht dazu bereit, sich aus Steinen Brot zu zaubern. Auch will er nicht vom Tempelturm springen und sich von den Engeln tragen lassen. Jesus hat zwar an anderen Stellen bereits gezeigt, dass er über übernatürliche Kräfte verfügt, doch er ist kein gewöhnlicher Zauberer, der sich mit derartigen Schauwundern Autorität verschaffen müsste.

Aus politischer Sicht spiegelt diese Passage unweigerlich eine wichtige, wenn nicht gar die wichtigste Legitimationsstrategie der römischen Kaiser wider, nämlich »Brot zu erzeugen« und das Volk mit spannenden Tricks und außergewöhnlichen Darbietungen bei Laune zu halten. *Panem et circenses* – Brot und Spiele für das Volk – so fasste der römische Satirendichter Juvenal das Handeln der Regenten sarkastisch zusammen. Es ist erwiesen, dass den Bürgern Roms zu äußerst günstigen Preisen, zuweilen auch kostenlos, Getreide zur Verfügung gestellt wurde. Auf diese Weise wollte man die große Anzahl an Armen, die Plebs, davon abhalten, Aufstände zu organisieren. Zusätzlich stärkte diese Maßnahme, wie im Übrigen auch die Spiele im Zirkus, das Ansehen des jeweiligen Herrschers. Für die ersten Christen jedoch war der römische Kaiser ein erklärter Feind, ja er war für sie der Teufel selbst. Das biblische Gespräch Jesu mit dem Satan lässt sich daher als klare Absage an die Methoden der Massenbeeinflussung interpretieren. Jesus verwandelt keine Steine in Brot (Mt 4,3), er veranstaltet auch keine spektakulären Bungee-Jumping-Einlagen ohne Seil oder Wingsuit-Flüge mit Hilfe der Engel, wie es ihm der Teufel vorschlägt (Mt 4,6). Anders als der Kaiser bietet Jesus weder *panem* noch *circenses*!

Für diejenigen Rezipienten, die diese Anspielungen nicht verstanden haben, geht das Markusevangelium in seinen Anspielungen noch einen Schritt weiter. Es liefert die Urfassung oder Vorlage für Jesu Tätigkeit als Exorzist, welche später im Matthäus- und Lukasevangelium aufgegriffen werden: Jesus weilt in der Nähe der Stadt Gerasa, unweit des Sees Tiberias, als ihm ein Mann entgegenläuft, so liest man im Markusevangelium. Es heißt, bei Tag und Nacht »schrie er unaufhörlich in den Grabhöhlen und auf den Bergen und schlug sich mit Steinen«, nicht einmal mit Fesseln war er zu bändigen. (Mk 5,4–6) Es wird nicht gesagt, um welche Krankheit es sich handelt, nach einem kurzen Gespräch ist jedoch für Jesus klar, dass sein Gegenüber von einem Teufel besessen ist.

Dieser erhält auch einen Namen, der keinen Zweifel an seinem Wesen lässt; er heißt »Legion«. Auch hierin wird ein politischer Bezug überdeutlich, trugen doch die römischen Militäreinheiten, die das Imperium kontrollierten und auch im besetzen Judäa stationiert waren, denselben Namen. Das

Markusevangelium geht mit seinen Anspielungen noch weiter ins Detail: Der ausgetriebene Teufel wird in eine Herde von 2000 Schweinen verbannt, die sich schließlich in den für seinen Fischreichtum bekannten Tiberias-See stürzen und ertrinken (Mk 5, 12–13). Hierin besteht ein weiterer Bezug auf die historische Realität: Nach dem blutrünstigen ersten jüdischen Krieg der Jahre 66–70 n. Chr. und etwa zur Entstehungszeit des Markusevangeliums befand sich die zehnte Legion, genannt *Fretensis*, in dem Gebiet um Jerusalem, sie dürfte aus etwa 2000 Einheiten bestanden haben. Das Feldzeichen der *Fretensis* zeigte zwei Tiere, einen Eber (in dieses Tier lässt Jesus den Teufel einfahren) und einen Fisch (zu jenen Fischen im See laufen die Schweine).

Bei der Mustererzählung zum Wirken Jesu als Exorzist handelt es sich also eigentlich um eine Imagination dessen, wozu der auferstandene Messias in der Lage sein wird: Er wird den Teufel schlechthin, die *Legio X. Fretensis,* besiegen, und mit ihr den römischen Kaiser. Ob diese Texte allerdings den Glauben an einen Teufel belegen, so wie wir es heute verstehen, ist umstritten. Doch politische Statements von nicht zu unterschätzender Brisanz waren sie zur damaligen Zeit allemal.

Mit großer Selbstverständlichkeit gehen die Texte des Neuen Testaments von der Existenz der Teufel und Dämonen aus. Anders als in unserer heutigen Vorstellung stehen diese Gestalten nicht zwingend und schon gar nicht unhinterfragt für irgendwelche bösen Mächte aus der Unterwelt. Sie sind mehr als das, sie sind Chiffren für ganz konkrete und mächtige Feinde der noch jungen, unorganisierten und oft verfolgten christlichen Gemeinde. Sie stehen für die Vertreter des Römischen Reiches und insbesondere für den römischen Kaiser selbst. Schließlich verlangte der Kaiser, wie ein Gott angebetet zu werden, und verkörperte somit wie kein anderer in den Augen der ersten Christen den Teufel schlechthin.

Doch für sie war ebenfalls klar, dass es Hoffnung gab, dass Jesus den Kampf gegen dieses Böse bereits gewonnen hatte. Ihre Aufgabe war es nun, standhaft zu bleiben und sich wie Krieger gegen die andauernde Bedrohung durch Teufel und Dämonen zu behaupten. Sie wollten dem Beispiel Jesu, der sich erfolgreich der Versuchung durch den Teufel widersetzt hatte, folgen. Denn der Teufel kann sich zwar bemühen, Böses zu wirken, aber gegen Jesus selbst kann er nichts ausrichten, selbst dann nicht, wenn er mit einer ganzen Legion von Dämonen gegen ihn antritt.

8. MAGISCH UND PARANOID

Im Jahr 785 erließ Karl der Große eine hoheitliche Anordnung: Er verbot den Sachsen, einen Zauberer auf dem Scheiterhaufen zu verbrennen. Aber nicht nur das. Er drohte ihnen selbst mit dem Scheiterhaufen, sollten sie ihr Vorhaben in die Tat umsetzen. Wer nun denkt, dass Zauberei zu dieser Zeit nicht unter Strafe stand, liegt allerdings falsch. Auch wenn es vielleicht so klingen mag, Karl der Große schuf mit dieser Anordnung keine Schutzzone für Zauberer. In den Jahren um 800 bis ungefähr 1200 war die Anwendung von Magie oder das Eingehen eines Paktes mit dem Teufel kein schrulliges Freizeitvergnügen. Ja, es war noch ein Einzeldelikt, Magie auszuüben, und es stand unter Strafe, aber im Vergleich zu den späteren Jahren konnten angeblich Zaubernde in dieser Zeit noch auf eine relativ milde Rechtsprechung hoffen.

Wer bei Wetterzaubern, Giftmischerei, Wahrsagerei oder einem Teufelspakt erwischt wurde, dem drohten, nach gotischem Recht, Peitschenhiebe, das Abschneiden der Haare, eine Gefängnisstrafe, eine Unterweisung in die Lehre des Christentums oder der (temporäre) Ausschluss aus der Gemeinde. Kam allerdings durch die Beschwörung des Teufels oder eines Dämons ein Mensch ums Leben, mussten Zauberer auch in dieser Epoche schon mit der Todesstrafe rechnen. Die Todesstrafe wartete aber auch auf diejenigen, die einen anderen Menschen fälschlicherweise einer Beschwörung beschuldigten.

Diese Rechtsprechung kritisierte nicht die Zauberei, sondern in erster Linie den Aberglauben, der dahinterstand. Magie war Götzendienst, ein *cultus daemonum*. Den biblischen Anweisungen aus dem Buch Exodus folgend, versündigte sich der Magier dabei an Gott, doch sein Handeln hatte noch lange keine gesellschaftliche Relevanz. Wie aber kam es dazu, dass zwischen 1400 und 1700 – während der Hexenverfolgung in Europa – rund 60.000 Menschen (80 % davon waren Frauen) starben, weil man ihnen einen Teufelspakt und Zauberkräfte unterstellte?

DIE VERBOTENEN KÜNSTE

Zuerst einmal ist es wichtig, einen Blick darauf zu werfen, welche Rolle Magie und Zauberei im Leben der Menschen im Mittelalter und der Frühen Neuzeit spielten: Zauberei war damals beim Volk ein durchaus legitimes Hilfs- und Heilmittel mit einer langen kulturellen Tradition. Durch Zaubersprüche oder diverse Tränke konnten Menschen ihr Hab und Gut, die Familie, das Vieh oder die Ernte schützen – jedenfalls hatten sie durch die Ausübung von Magie zumindest das Gefühl, etwas tun zu können. Man differenzierte zwei Arten von Magie, die weiße und die schwarze Magie. Die weiße Magie konnte, dem Volksglauben nach, Unheil abwenden. Die schwarze Magie brachte hingegen Unglück und Tod. Zauberer und Zauberinnen, die sie ausübten, konnten ihren Mitmenschen über Schadenzauber Krankheiten anhängen oder sie in den Ruin stürzen, indem sie zum Beispiel die Felder verhexten. Der Übergang zwischen weißer und schwarzer Magie war fließend. Es war Interpretationssache, ob man das Wirken zaubernder

Mitmenschen der einen oder der anderen Seite zuordnete. Ein missglückter Heilungszauber und schon fand man sich mit einer Glatze auf dem örtlichen Marktplatz wieder. Der volkstümlichen Vorstellung nach besaßen zaubernde Menschen körpereigene magische Kräfte, die sie von einer an die nächste Generation vererbten. Der Teufel spielte hier noch eine eher untergeordnete Rolle. Er war ein Dämon unter vielen, die man anrufen konnte. [S. Kap. 3]

Die kirchliche Hexerei- oder Zaubereivorstellung war sehr viel konkreter und nicht so ambivalent wie die des Volkes. Sie war im Laufe von Jahrhunderten im theologischen Diskurs gewachsen. Es wurden Elemente aus anderen Religionen und Kulten übernommen und umcodiert. Der Schadenszauber war das Bindeglied zwischen der kirchlichen und der volkstümlichen Zaubereivorstellung, denn Schadenszauber oder spontane Tierverwandlungen waren bei den mittelalterlichen oder frühneuzeitlichen Mitmenschen nicht gerade beliebt. Die volkstümliche Annahme, dass Zauberkräfte den Menschen angeboren sind, hingegen trennte die beiden Vorstellungsformen voneinander. Da die Kirche nicht daran glaubte, dass die Kräfte vererbt werden können, kam der Teufel ins Spiel; dieser sei es, der den Menschen solche schädlichen Kräfte verlieh. Dies hat eine lange Entstehungsgeschichte, die ich im Folgenden kurz umreißen möchte:

Schon im 4. Jh. n. Chr. vertrat Augustinus die These, dass jede Form von Magie auf einem Pakt mit dem Teufel beruhe. Diese Annahmen wurden im 13. Jh. von Thomas von Aquin wieder aufgenommen und waren Anstoß einer langen Reihe von Diskursen, die zu einem Anstieg von Prozessen gegen Menschen führten, die Magie ausübten. Am Ende des 14. Jh. sorgte in Paris ein Prozess um zwei Prostituierte für Aufsehen. Die beiden Frauen versuchten gemeinsam, den Geliebten der einen mittels eines Liebeszaubers zur Rückkehr zu zwingen. In den Protokollen ist von der Anrufung des Teufels die Rede und von angerührten Zauberpasten aus Jungfernwachs und Pech, mit deren Hilfe die Frauen versucht haben sollen, die Gefühle des Mannes zu kontrollieren. Als der Erfolg ausblieb, wünschten sie dem Mann Krankheiten an den Hals und stachen deshalb Nadeln in Kröten. Als der Mann am Ende mit einer toten Kröte als Beweismittel vor dem Gericht erschien, war anscheinend der Punkt erreicht, an dem Juristen und Theologen sich sagten: Wir brauchen jetzt klare Statuten.

Vielleicht aber entsprang der Wunsch nach Strukturen und den Möglichkeiten, in solchen Fällen härter durchgreifen zu können, auch einer anderen Überlegung: Angewandte Magie hatte das Potenzial, die gesellschaftliche Ordnung, und im Fall eines Liebeszaubers auch die Geschlechterordnung, des Mittelalters und der Frühen Neuzeit auf den Kopf zu stellen. Durch einen Liebeszauber versuchte man (in diesem Fall wurde es meist den Frauen nachgesagt), die Gefühle und den Körper des Mannes zu manipulieren. Die biologische und kulturelle Männlichkeit war somit kein stabiler Zustand mehr, sie konnte jederzeit durch einen Liebeszauber ins Wanken gebracht werden.

So sah sich 1398 die Pariser Universität zu einem Zaubereigutachten gezwungen, das die Trennung zwischen weißer und schwarzer Magie deutlich erschwerte. Wer sich nun mit Zauberei gegen Verzauberung wehrte oder mittels Magie glaubte zu heilen, geriet selbst in den Verdacht der Zauberei und des Teufelspaktes.

Die kulturellen Wurzeln der Zauberei reichten tief in die Antike und in die europäische Vorgeschichte hinein. Plinius beschrieb in seiner Naturgeschichte die Magie als eine Ansammlung ritueller Praktiken, die vom »Urmagier« Zarathustra in Persien entwickelt und in zahlreichen Kulturen von den alten Ägyptern bis hin zu den Römern angewandt wurden. Dort waren die Praktiken keineswegs geächtet. Sie waren, wie die Wahrsagerei, sogar heilig und Teil des alltäglichen und politischen Lebens. Diese Praktiken wurden nun durch Gelehrte wie Hartlieb langsam, aber sicher zu »verbotenen Künsten« umgedeutet. Für Hartlieb, der Arzt, Schriftsteller und Christ war, waren sie teuflisch und ketzerisch und stellten eine Bedrohung für das Christentum dar. Deshalb fasste er die verbotenen Künste in seinem gleichnamigen Buch in einem System aus sieben Kategorien zusammen: Nekromantie (Tierverwandlungen, Flug mit Hilfe von Hexensalben, Opferhandlungen für den Teufel), Geomantia (Wissenschaft der Kultplätze, Erdstrahlen, Käsesegnung), Hydromantia (Deutung der Wasseroberfläche, Schatzsuche mit Hilfe von Dämonen), Aeromantia (Deutung des Vogelfluges, Magie mit Vogelfedern), Pyromantia (Deutung von Flammen und Rauch, Spiegelschau, Kristallmagie), Chiromantia (Handlesen) und Spatulamantia (Zauberei mit Tierknochen). Gerade durch dieses Buch konservierte Hartlieb aber auch das von ihm als teuflisch empfundene Wissen. Vermutungen zufolge war dieses Buch auch eine Art Selbstschutz, denn er soll den praktischen Experimenten in dem Bereich der dunklen Künste nicht abgeneigt gewesen sein. So ist es vielleicht zu erklären, dass er immer wieder anführte, dass die dunklen Künste verboten seien und er in sein Buch auch keine Beschwörungsanleitungen aufnahm; lediglich ein Rezept für eine sogenannte *Hexensalbe* ist darin überliefert. Er trug mit seinem Werk zur Systematisierung und Verwissenschaftlichung der magischen Praktiken bei. Genau seine Einteilung diente später der Inquisition zur Hexenjagd.

1486, 22 Jahre nach Hartliebs Tod, erschien das Handbuch zur Hexenjagd und dem Aufspüren teuflischer Schadenszauber: Der *Hexenhammer* oder *Malleus maleficarum* vom Dominikanermönch und Inquisitor Heinrich Kramer. In diesem Werk, das schon mehrfach genannt wurde, werden verschiedene Arten teuflischer und dämonischer Aktivitäten klassifiziert und unterschieden, was ohne Hartliebs Vorarbeit vielleicht so nicht möglich gewesen wäre. Der große Unterschied zu Büchern wie dem von Hartlieb war die praktische Ausrichtung des Hexenhammers. Er ist eine Gebrauchsanweisung, wie die Existenz des Teufels bewiesen, seine Anhänger aufgespürt und ihnen der Prozess gemacht werden kann.

KETZER UND SCHWARZKÜNSTLER

Die Teufelsbeschwörung als magische Handlung kann auf eine fast ebenso lange Tradition zurückblicken. Richtig populär wurde sie ab dem 9. Jh. durch die Verbreitung von sogenannten Teufelsbündnerlegenden. So wird beispielsweise über einen gewissen Geistlichen, Theophilus Vicedominus aus Kleinasien, berichtet, er sei vom dortigen Bischof aus niederen Gründen verstoßen worden und habe mit Hilfe des Teufels versucht, sein Priesteramt zurückzuerlangen. Diese Legende war einer der beliebtesten Erzählstoffe im Mittelalter. In dieser Zeit war es noch ein eher elitäres, intellektuelles Vergnügen, den Teufel zu beschwören. Es waren Gelehrte, welche die Beschwörungen – lateinische Texte mit griechischen Einschüben – lesen und durchführen konnten. Sie versprachen sich durch den intellektuellen Austausch mit dem Teufel und seinen Dämonen tiefere Einsichten in Naturvorgänge oder versuchten mehr Macht und Reichtum zu erlangen. Wer diese magischen Handlungen aus persönlichem Interesse durchführte, galt als Schwarzkünstler. In der Regel waren diese Schwarzkünstler fahrende naturwissenschaftliche Gelehrte. Seit den Kreuzzügen waren sie durch den Austausch mit arabischen Forschern vermehrt mit dem Wissen des antiken und arabischen Kulturkreises in Kontakt gekommen. Sie waren Gelehrte, Abenteurer und Scharlatane in einer Person, die sich mit den »Modewissenschaften« Medizin, Astrologie und Alchemie beschäftigten. Dies nutzten sie, um ihren Lebensunterhalt zu bestreiten. So sah man sie oft auf Marktplätzen, wo sie den Leuten kleinere Experimente in Form von optischen und akustischen Täuschungen vorführten. In der Literatur werden sie jedoch als unheimliche Gelehrte beschrieben, die mit dem Teufel im Bunde sind. So z. B. vom Zisterziensermönch Caesarius von Heisterbach. Vor dem Hintergrund des sich langsam auflösenden kirchlichen Bildungsmonopols – ab dem 11. Jh. werden mehr und mehr weltliche Universitäten gegründet – warnte er vor den Schwarzkünstlern und ihren Kenntnissen des Dämonenreichs und vor einem weltlichen Studienumfeld.

Den Teufel zu rufen und ihn um Rat zu fragen, wurde also von kirchlichen Kreisen nicht gern gesehen. Aber was war, wenn es darum ging, vom Teufel entlarvende Informationen zu einer Gruppe von Teufelspaktierern zu bekommen, um ihnen das Handwerk zu legen?

Genau von solch einer Begebenheit berichtet Caesarius von Heisterbach um 1220 in seinem Buch *Dialogus miraculorum*. Es ist ein Werk, das in Form von Gesprächen zwischen Novize und Meister Einblicke in den mittelalterlichen Dämonen- und Teufelsglauben liefert. Dabei wird das Wirken des Teufels mit seinen unterschiedlichen Facetten thematisiert. So auch im Topos der sogenannten Ketzer-Exempel. Die Katharer – auch ›Ketzer‹ genannt – waren eine Glaubensgemeinschaft, die, seit ihrer Gründung im 12. Jh. in Südfrankreich, auch in Deutschland und Italien immer mehr Zulauf bekamen. Sie entwickelte sich aus verschiedenen Strömungen zu einem einheitlichen Glauben. Dabei zeichnete die Katharer eine asketische Lebensweise und eine anti-elitäre Haltung gegenüber der Papstkirche aus. Die Anziehungskraft, die von ihnen ausging, wurde von Caesarius von Heisterbach auf ein Verhältnis mit dem Teufel zurückgeführt. In seinem Buch berichtet er von einer Begebenheit, bei der zwei Katharer in ein französisches Dorf kommen und predigen. Sie beginnen, den Leuten gut zuzureden, um sie auf ihre Seite zu ziehen. Als ihnen das gelang, so Heisterbach, predigten sie ihre unerhörten Ketzereien. Um dann das Volk gänzlich zu indoktrinieren, hätten sie begonnen zu zaubern. Sie streuten Mehl auf den Boden, gingen darüber hinweg und hinterließen keine Fußspuren. Auch über das Wasser könnten sie gehen, raunte man sich zu. Und da hörte der Spaß auf! Ab diesem Zeitpunkt wollte die Papstkirche Antworten auf die Frage erhalten, ob die Katharer in Kontakt mit dem Teufel standen.

Caesarius berichtet, dass ein Kleriker gerufen wurde, von dem man wusste, dass er die schwarzen Künste beherrschte. Er sollte den Teufel beschwören und ihn zu diesen Katharern befragen. Laut der Quelle erschien der Teufel und gab ganz freimütig zu, dass die Katharer auf seiner Seite stünden. »Sie sind die Meinen«, sagte er. Außerdem gab er zu Protokoll, wie man sie enttarnen und ihnen ihre Zauberkraft nehmen könne: Unter ihren Achseln sei ein Schriftstück eingenäht. Bei dem Schriftstück handele es sich um den Treueeid, den sie dem Teufel geschworen hatten. Wenn dieser entfernt würde, so der Teufel, wären sie schwach wie gewöhnliche Menschen. Entweder war der Teufel hier sehr geschwätzig oder es ging ihm um überinstitutionelle Amtshilfe – wir wissen es nicht.

Die Exempel von Caesarius über die Schwarzkünstler und Ketzer waren ein wichtiger Teil der literarischen Propaganda gegen nicht normkonforme Christen. Dass diese Unternehmungen allerdings dazu führten, den Teufel aus dem Alltag der Menschen zu verbannen, darf getrost bezweifelt werden.

Dadurch, dass zahlreiche Geistliche sich an den Schwarzkünstlern und ihrem weltlichen Wissen und an Katharern und ihrem Glauben abarbeiteten, entstanden immer neue Teufelsmythen, die sich im Bewusstsein des Klerus und im Volksglauben verankerten und immer neue Blüten trieben. Um 1233 war die Inquisition gegen die Katharer eingerichtet und sogar Kaiser Friedrich II. verhängte die Reichsacht über sie. Die Katharer verloren ab diesem Zeitpunkt ihre Rechtsfähigkeit und konnten von jedem getötet oder vor Gericht gebracht werden. Somit waren die rechtlichen Anforderungen grundgelegt, um nichtkonforme gesellschaftliche Gruppen zu verfolgen.

DIE ZAUBEREIATTENTATE

Eine weitere Spur auf dem Weg zur Massenverfolgung von Hexen und Zauberern führt an den Anfang des 14. Jh. Zu dieser Zeit kam es vor allem in Südfrankreich zu sogenannten Zaubereiattentaten. Im Zentrum stand der damalige Papst Johannes XXII. Dieser hatte eine unglaubliche Angst vor Attentaten.

Aber nicht vor dem klassischen Anschlag, bei dem jemand offen und ehrlich mit einem Dolch hinter einer Tür lauert. Nein, der Papst fürchtete Angriffe durch die Anrufung des Teufels oder durch teuflische Zauber mit magischen Objekten, den sogenannten Atzmännern. Ein Atzmann ist eine Zauberfigur aus Wachs oder Lehm, die mit Gift bestrichen, über offenem Feuer angebrannt oder mit Nägeln durchstochen wurde mit der Absicht, der Zielperson zu schaden oder sie sogar zu töten.

Wer jetzt an die vor allem aus der Pop-Kultur bekannten Voodoopuppen denkt, liegt damit zwar nicht falsch, aber auch nicht ganz richtig. Zuerst einmal handelt sich bei den Atzmännern und den Voodoopuppen um einen Analogiezauber, wie er in zahlreichen Kulturen vorkommt. Die zaubernde Person geht dabei davon aus, dass allein durch eine Ähnlichkeit im äußeren Erscheinungsbild eine innere Übereinstimmung vorliegt. Was man also dem Bildnis oder der Puppe zufügt, bekommt auch die reale Person zu spüren. Doch es ist mir wichtig zu erwähnen, dass Voodoopuppen im schwarzmagischen Bereich originär eher selten verwendet werden. Dies ist ein rassistisches Klischee, welches durch die amerikanische Filmindustrie mit Beginn der 1930er-Jahre vermittelt wurde, um die afro-karibische Kultur in Misskredit zu bringen. Doch nun zurück ins 14. Jh.:

1317 wurde der Bischof von Cahors in Südfrankreich, Hugues Géraud, vom Papst angeklagt, einen Mord gegen ihn geplant zu haben. Außerdem soll er den Tod des päpstlichen Neffen mit Gift, Zauberbildern und der Asche von Spinnen und Kröten verschuldet haben. Hugues wurde gefoltert und schließlich am 30. August 1317 auf dem Scheiterhaufen verbrannt. Aber damit nicht genug: Johannes XXII. hatte ein Jahr später den Verdacht, dass sich am päpstlichen Hof einige Kleriker mit den schwarzen Künsten beschäftigten. Sie sollen Dämonen beschworen haben, um ihre Mitmenschen zu manipulieren. Nun hatten sich die Zauberer und Teufelsbeschwörer miteinander verbündet – jedenfalls, wenn man den päpstlichen Untersuchungsprotokollen Glauben schenken möchte. Während des Pontifikats von Johannes XXII. häuften sich solche Anklagen und Prozesse wegen magischer Praktiken und Teufelspakten. Tatbestand war entweder die Anrufung des Teufels, der Besitz von verbotenen Büchern und/oder verdächtigen Utensilien wie menschlichen Köpfen oder Armen von gehängten Verbrechern. Dies schürte die Ängste in der Bevölkerung und prägte die Politik dieses Papstes. Auch in der Schicht der Herrschenden mischten sich zu dieser Zeit Furcht vor Teufelspaktierenden und nüchterne Machtpolitik.

In der Bulle *Super illius specula*, die Papst Johannes XXII. um das Jahr 1326 verfasste, verlieh er seiner Überzeugung Ausdruck, dass zahllose Menschen nur noch dem Namen nach Christen seien, in Wahrheit aber einen Pakt mit dem Teufel eingegangen wären. Sie opferten den Heerscharen der Hölle, stellten Zauberbilder für Attentate her und riefen Dämonen an, um von ihnen Auskünfte zu verschiedenen unheiligen Themen (Liebeszauber, Schatzsuche) zu erhalten. Die teuflischen Sektierer waren, so der Papst in seiner Bulle, zu einer Gefahr für das gesamte Christentum geworden. Es gab nun keine Einzeltäter mehr. Alles ließ sich auf ein satanisches Kollektiv zurückführen und der Vorwurf der rituellen Magieausübung und des Teufelspaktes wurde zu einem wichtigen Argument in politischen und ideologischen Auseinandersetzungen – mit drohendem Scheiterhaufen.

Teufelsanrufung, Orakel aus Tierknochen, Opferungen für Dämonen, Liebeszauber, Hagelmachen, Anhexen von Krankheiten, Bildzauber, Ausgraben von Toten und Herstellen von Hexensalben. All diese Praktiken durchziehen die Protokolle zu den diversen Prozessen zu Zauberei und Teufelsbundschaften.

Die auf Latein – mit griechischen Einschüben – verfassten Texte zeigen dabei etwas ganz anderes als eine mögliche Wirksamkeit der genannten Praktiken: Zaubereidelikte sind Teil eines elitären Gelehrtendiskurses. Niemand aus dem Volk hätte diese Texte lesen können. Die Entwicklung von Einzeltätern hin zu der Annahme, es gäbe eine im Untergrund agierende Teufelssekte, die das Christentum gefährde, ist ein Indiz für sozial disziplinierende und normstabilisierende Maßnahmen, für politische Intrigen und Machtpolitik.

Priester predigten dem einfachen Volk die Exempel über Schwarzkünstler und Ketzer. Genau dafür waren sie auch erdacht. Diese literarischen Episoden griffen Erzählstoffe auf, die beim einfachen Volk bekannt und beliebt waren. Umso besser konnte der Teufelsglauben auch an die volkstümliche Gedankenwelt anknüpfen und immer neue Blüten treiben.

Durch die Bulle von Papst Johannes XXII. und das Zaubereigutachten der Pariser Universität wurde die Zauberei von einem Einzel- zu einem Kollektivdelikt und deutete auf eine angeblich massive Teufelssekte hin. Der Teufelsglauben schien die bequemste Erklärung für die Veränderungen von Lebensbedingungen und sich verkleinernde Machtbereiche zu sein. Die Darstellungen der nicht-christlichen Kulte erinnert in keiner Weise mehr an ihre ursprünglichen Vorbilder. Diese künstliche Vereinheitlichung und die Erschaffung eines vermeintlich teuflischen Kollektivs führten dazu, dass die kirchliche Inquisition die vermeintlichen Sektierer einfacher »bekämpfen« konnte. Und so wurde von Südfrankreich aus eine regelrechte Massenverfolgung in Gang gesetzt, die bald ganz Europa erfasste.

9. TRÜGERISCH UND UNSICHER

Der Teufel steckt bekanntlich im Detail. Im nachfolgenden Fall steckt er in einem Stuhlbein. Doch wir wollen genau sein, nicht er selbst steckt im Stuhlbein, sondern seine dämonischen Helfer: Holzwürmer. Wobei sich die Zugehörigkeit von Holzwürmern zum teuflischen Bestiarium nicht abschließend beantworten lässt. Aber der Reihe nach.

Wir befinden uns in Nordfrankreich, genauer gesagt in der Provinz Besançon. Es ist der 22. April 1520. Die Sonne scheint. Die Vögel zwitschern. Der Bischof ist auf Pilgerfahrt. Im Dorf Mamirolle angekommen, betritt er mit raschelnden Brokatgewändern die kleine Kirche St. Michel. So idyllisch der Beginn auch scheinen mag, die Quellen werden später berichten, dass Bischof Antoine I. an diesem Tag »in den Stand der Blödigkeit« stürzte. Und dies nicht, weil er tattrig war, nein, hier hatte der Teufel seine Finger im Spiel.

Gerade als sich der Bischof in der Kirche auf einen großen Holzstuhl setzt und zu den Menschen sprechen will, knarzt das Möbel verdächtig. Kurz darauf ertönt ein lautes Knacken. Ein Stuhlbein bricht weg. Der Bischof fällt vornüber und stößt sich den Kopf auf den Treppenstufen. Die Menge schreit kollektiv auf. Als dann noch die bischöfliche Kopfbedeckung ins Mittelschiff der Kirche rollt, legt sich eine unheilvolle Stille über die Szenerie. Die Menschen sind entsetzt. Einige versuchen dem Bischof zu helfen und wollen ihn wieder auf die Beine bringen. Aber da ist nicht viel zu machen. Der Bischof taumelt vorbei an den Gläubigen, die sich in ihre Bänke drücken, und murmelt zusammenhangloses Zeug. In Form eines

Gleichnisses könnte man sagen: Sein Verstand setzte an diesem Tag die Segel, schipperte aus dem Lichtmeer hinaus und war von nun an umgeben von einer tiefen, samtenen, geistlosen Dunkelheit. Ein Glück für den Bischof, dass er nichts mehr von alldem zu merken schien. Für die Menschen in Mamirolle ist es jedoch eine Katastrophe. Viele packte die Furcht. War dieser Sturz ein Zeichen Gottes? Hatte man Gottes Zorn auf sich gezogen? Oder hatte vielleicht der Teufel seine Finger im Spiel?

HOLZWÜRMER AUF DER ANKLAGEBANK

Kurz darauf nehmen einige besorgte Gemeindemitglieder den Tatort unter die Lupe. Sie finden dort schließlich »teuflische Bestien« und »satanische Verheerungen«. Kurz gesagt: Holzwürmer. Diese infernalischen Viecher müssen auf den Befehl des Teufels hin in den Stuhl hineingekrochen sein, um in der Finsternis des Stuhlbeins die düsteren Pläne ihres Herrn und Meisters in die Tat umzusetzen. So lautet jedenfalls die These der Inspektoren. Dem musste nachgegangen werden und dies geschieht auf durchaus zivilisierte Weise. Von Selbstjustiz keine Spur.

Einige Tage später betritt ein Gerichtsbote das Gebäude und spricht mit lauter klarer Stimme in die leere Kirche folgenden Satz so oder so ähnlich hinein: »Wir ermahnen mit diesem Schriftsatz die vorgenannten Holzwürmer, sich am

12. August im Jahre des Herrn 1520 vor dem Gericht in Besançon einzufinden, um auf die Anklage der Bürger von Mamirolle zu antworten.« Seine Stimme hallt noch eine Zeit lang nach. Dann schließt er mit einem Knall die Kirchentür von außen. Drinnen regt sich nichts. In diesem Moment war eines ganz klar: Die Holzwürmer wurden verklagt, weil sie düstere Pläne gegen die Kirche geschmiedet haben sollen. Laut den Akten des Archives Municipales de Besançon soll dieser Prozess am angekündigten Tag tatsächlich stattgefunden haben. Den Holzwürmern wurde sogar ein Pflichtverteidiger zur Seite gestellt. Dieser war niemand Geringeres als der damals überaus bekannte Rechtsgelehrte Barthélemy de Chasseneuz. Die Holzwürmer konnten sich glücklich schätzen, denn etwa vier Jahre zuvor hatte Chasseneuz in der französischen Stadt Autun bereits erfolgreich ein paar Ratten vertreten, die sich an der Gerstenernte zu schaffen gemacht hatten. Ihr Pflichtverteidiger war also eine echte Koryphäe auf diesem Gebiet. Zu Lebzeiten veröffentlichte er äußerst erfolgreiche Werke, große und wissenschaftlich anspruchsvolle Kommentare zur Gesetzeslage.

Ob der Prozess tatsächlich so stattgefunden hat, lässt sich nicht genau belegen. Es könnte sich auch um einen Lehrprozess gehandelt haben. In diesen hatten Verteidiger die Möglichkeit, ihre Verteidigungsstrategien für Kleinnager, Holzwürmer oder Heuschrecken zu proben. Denn Verhandlungen dieser Art liefen alle nach einem sehr ähnlichen Muster ab.

Jedenfalls: Im Verlauf des Prozesses wurde die hier zentrale Frage debattiert, ob die Holzwürmer teuflische Bestien seien oder nicht. Das Beweismittel? Die Bibel. Genauer gesagt: Es wurde die Frage diskutiert, ob die Holzwürmer auf der Arche Noah waren oder nicht. Dazu gibt die Anklage, laut den Prozessakten, einen wichtigen Punkt zu bedenken: Welcher Kapitän sei so blöd, freiwillig Holzwürmer mit auf sein Holzschiff zu nehmen? Chasseneuz wendet ein, dass es keine Bibelstelle gebe, die explizit darauf hinweise, dass Holzwürmer nicht auf der Passagierliste der Arche gestanden hätten. Die Debatte dauert an. Gegen Ende der Verhandlung stellt sich heraus, dass die Menschen aus Mamirolle ihren Zehnten, also ihre kirchlichen Abgaben, nicht regelmäßig gezahlt haben. Dies ist ein typischer Ausgang für Prozesse dieser Art. Es werden Prozesse gegen Schädlinge geführt, um die Menschen dazu aufzufordern, ihre Steuern rechtzeitig zu zahlen und zusätzlich ihren Glauben zu stärken. Starben die Tiere über den Winter, so wurde das als Wirksamkeit der gewählten Mittel interpretiert. Möglicherweise handelte es sich bei den diabolischen Holzwürmern deshalb doch um eine Strafe Gottes. Doch auch dies kann nicht abschließend beantwortet werden, weil man die Holzwürmer nicht eindeutig den Geschöpfen Gottes zuordnen konnte. Sie wurden zunächst einmal als quasi ›semisatanisch‹ eingestuft.

Sie bekamen eine Frist von sieben Tagen, um die Kirche Saint Michel zu verlassen und in einen Baum umzuziehen, den ihnen die Bewohner von Mamirolle zuweisen sollten. Kamen sie dem nicht nach – so drohten ihnen die Richter – sollten sie exkommuniziert, also aus der Gemeinschaft der Gläubigen ausgeschlossen und dem Teufel überantwortet werden. Dies bedeutete zu dieser Zeit den gesellschaftlichen Tod – auch für einen Holzwurm.

TIERPROZESSE

Der zuvor beschriebene Prozess kann einem Phänomen zugeordnet werden, das es vom 14. Jh. an bis in die Frühe Neuzeit hinein in ganz Europa gab. Belegt sind Prozesse gegen Insekten und andere Schädlingskollektive, bei denen auch immer wieder eine mögliche Beteiligung des Teufels verhandelt wurde. Maikäferlarven, Heuschrecken, Ratten, Feldmäuse – sie alle landeten auf der Anklagebank des kirchlichen Gerichts. Selbst vor Delfinen machte die Anklage keinen Halt.

Eine Schule von Delfinen – also eine Gruppe von zehn bis fünfzig Tieren – blockierte im Jahr 1596 die Hafeneinfahrt von Marseille, sodass kein Schiff mehr in den Hafen hinein- oder hinausfahren konnte. Deshalb rückte der zuständige Bischof von Cavaillon in einer Prozession mit Weihwasser und ausgewählten Bibelstellen ausgestattet an und beschimpfte die Delfine vom Ufer aus – auf Latein. Die Delfine schwammen daraufhin wieder aufs offene Meer hinaus und hatten wahrscheinlich nicht einmal bemerkt, dass sie gerade exkommuniziert worden waren.

Zentral für die Entwicklung dieser Prozesse und dieser Form des Teufelsglaubens war es, dass sich die mittelalterliche Ständegesellschaft ab der Mitte des 14. Jh. in einer handfesten Krise befand. Eine Ursache hierfür war eine Klimaveränderung, die zu langen, harten Wintern und verregneten Sommern führte und deren Folgen Missernten, Überschwemmungen und Seuchen waren. Das Ausbleiben von lebenswichtigen Ernteerträgen verleitete die Landbevölkerung dazu, in die Städte zu fliehen. Dies nahm dem Landadel einen Großteil seines wirtschaftlichen Einkommens. Als Reaktion hierauf erhöhte dieser die Abgabenlast der Bevölkerung, was deren Konfliktbereitschaft ebenfalls ansteigen ließ. So dehnte sich die Krise nach und nach auf die gesamte Gesellschaft aus.

Die Menschen der traditionellen mittelalterlichen Agrargesellschaft in Europa standen einem Schädlingsbefall hilflos und ohnmächtig gegenüber. Heuschrecken oder Feldmäuse, welche sich durch die Felder fraßen, waren eine ernsthafte Bedrohung für die landwirtschaftliche Produktion. Als Erklärung lag ein teuflischer Eingriff in die göttlich geregelte gesellschaftliche Struktur nahe. Schließlich wurde die biblische Schöpfungsgeschichte so verstanden, dass die Tiere dem Menschen untertan sind. Wer also die göttliche Ordnung in einer Krise aufrechterhalten will, der kann ein solches tierisches Fehlverhalten nicht dulden.

Das Sicherheitsbedürfnis der Menschen stieg, woraufhin sie sich hilfesuchend an die Kirche wandten. Die Kirche regelte zu dieser Zeit den gesamten Alltag der Menschen und stülpte der Gesellschaft ihr moralisches Konstrukt von Gut und Böse über. Allerdings ohne Insektenschutzmittel. Sie vermittelte den Menschen ein biblisches, streng hierarchisches Geschichtsbild, das linear auf eine Apokalypse zulief. Jede Krise hatte hierbei das Potenzial, auf das Ende der Welt hinzuweisen. Deshalb landeten solche und ähnliche Fälle von Schädlingsbefall auch vor einem kirchlichen Gericht, bei dem die Tiere mit der Höchststrafe, der Exkommunikation, rechnen mussten. Sie wurden damit aus der göttlichen Gesellschaft verbannt und dem Teufel überantwortet, sodass die Bevölkerung des befallenen Landstrichs wieder Vertrauen in die Kirche fassen konnte. Denn das Beschimpfen der Schädlinge auf Latein diente wohl eher der Legitimation der Machthaber als einer tatsächlichen Entfernung der Schädlinge. Für sie war es meist schon die Verschleppung solcher Verfahren, die einem befallenen Gebiet »den Teufel austrieb«. Wenn ein findiger Verteidiger beispielsweise versuchte, die Minderjährigkeitsklausel seiner kurzlebigen Mandanten (zum Beispiel von Käfern) geltend zu machen, dauerte es sechs bis zwölf Monate, bis es zu einer gerichtlichen Entscheidung kam. Bedenkt man die Lebensspanne von Käfern, war eine Verurteilung in der Regel von allein geregelt. Der Einfluss des Teufels wurde zum Aufrechterhalten von Furcht genutzt und diente damit dem Erhalt der gesellschaftlichen Kräfteverhältnisse. Wer Latein sprach, war in der Regel im klaren Vorteil gegenüber der bäuerlichen Bevölkerung. Auf diese Weise wurden viele Präzedenzfälle geschaffen und gleichzeitig der teuflische Schadenszauber in der Welt sichtbar gemacht.

DIE ROLLE DES TEUFELS

Um auf großes Unglück zu reagieren, braucht es einen großen Gegenspieler, der von den Mächtigen, in diesem Fall der Kirche, verantwortlich gemacht werden kann. Die Figur des Teufels eignet sich perfekt. Der Teufel funktioniert wie ein Blankoscheck, auf den man alles schreiben kann. Klimaveränderung, Seuchen, Missernten – alles ist des Teufels Schuld. Dies funktioniert nach dem uns auch heute noch sehr bekannten Muster: Komplexe Sachverhalte werden auf einfache Strukturen eingedampft, ganz nach dem bekannten Motto: »Wenn man weiß, wer der Böse ist, dann hat der Tag Struktur«.

Ganz in diesem Sinne schrieb im 13. Jh. Richalm von Schöntal sein Werk *Liber revelationum de insidiis et versutiis daemonum adversus hominis* (dt.: Buch der Offenbarungen über die Hinterhalte und Listen der Dämonen gegen die Menschen). Darin beschreibt er in 130 (!) Kapiteln die Tücken des Teufels. Hinter allem Schlechten, was im Alltag passiert, stecke demzufolge der Teufel: angefangen bei Blähungen, über Zahnschmerzen, den morgendlichen Kater nach den abendlichen zwei Flaschen Wein, Schläfrigkeit, bis zu Niesen, Lachen, Räuspern oder auch Husten, die Liste ist lang. Besonders Husten ist für Richalm ein unumstößlicher Beleg für die Anwesenheit des Teufels. Daher sollte man am besten überhaupt keine Geräusche von sich geben. Aber verstocktes Herumdrücken macht einen am Ende noch verdächtiger.

Jede staatstragende Ideologie braucht im Krisenfall eine funktionierende Drohkulisse. Bei der hier genutzten handelte es sich um den Teufel höchstselbst. Er trägt die Verantwortung dafür, dass es hagelt, dass Bischöfe vom Stuhl fallen und Schädlinge die Felder kahl fressen. Die Idee eines für alles Böse verantwortlichen Teufels war so tief in den Alltag der Menschen eingedrungen, dass es sogar Sinn ergab, Sperlinge zu exkommunizieren, weil sie in der Nähe der Vinzentius-Kirche in Mâcon durch ihr Pfeifen die Gläubigen beim Beten störten. So kann man sich den damals zuständigen Bischof Landerich sehr gut vorstellen, wie er voller Empörung unter einem Baum mit ausladender Krone nach oben ruft: »Stellen Sie bitte sofort dieses infernalische Gepfeife ein!« Um dann schließlich zwei bis drei weiß-schwarze Flecken auf der Kutte später mit schüttelnder Faust in die Kapelle zu gehen und zum finalen Schlag auszuholen: Weihwasser und ausgewählte Bibelstellen. Angeblich soll das geholfen haben. Dies beschreibt der Historiker Peter Dinzelbacher in seinem Buch *Das fremde Mittelalter* und nennt dabei zahlreiche mittelalterliche Quellen wie Predigtbücher, die voll von diesen Anekdoten sind.

Viele Kleriker hatten extra für solche Fälle Sondergebete, Rituale und Verfluchungen erdacht, um die Schädlinge effektiv »zu besprechen«. Felix Hemmerlin, ein Geistlicher aus Zürich, hatte sogar eine grundlegende Abhandlung zur Insektenbannung verfasst. Diese war auch in einigen Ausgaben des *Hexenhammers* als Beilage enthalten. Hieraus konnte der Ortspfarrer praktischerweise Bannformeln und Exorzismen entnehmen, wenn er vor einem von Mäusen oder Heuschrecken kahl gefressenen Feld stand und gemeinsam mit dem zugehörigen Bauern nicht mehr ein noch aus wusste.

Die von der Kirche gesandten Geistlichen im Einsatz gegen den Teufel lassen sich als Spezialisten verstehen. Während das göttliche Recht in jener Krise vor niemandem Halt machte, blieb es ihr Spezialgebiet, etwas Handlungsfähigkeit im Angesicht des teuflischen Chaos zu simulieren.

Allerdings gab es auch Ausnahmen bei der Einsatzfähigkeit: Wenn beispielsweise ein Bär ein Gebiet in Angst und Schrecken versetzte, weil er einen Menschen getötet hatte. In diesem speziellen Fall hielt man ihn sicherheitshalber (offiziell) nicht für vom Teufel besessen. Ihm wurde auch nicht der Prozess gemacht. Wahrscheinlich, weil sich Gerichtsboten weigerten, in eine Bärenhöhle zu gehen, um dem Bären mit lauter, klarer Stimme die Anklage vorzulesen. Da drückte man schon mal ein Auge zu.

Hinter den Tierprozessen und den Versuchen, durch sie den teuflischen Schadenszauber in der Welt sichtbar zu machen, steht die allgemeine Angst vor der Unordnung. Wenn Heuschrecken die Felder kahl fraßen, Hausschweine wild um sich schnappend in der Hierarchiepyramide herumsprangen oder Holzwürmer kirchliches Mobiliar anknabberten, dann versuchten Kleriker, mit Beschwörungsformeln die Situation wieder unter Kontrolle zu bekommen – zumindest so zu tun, als ob dies möglich sei. Schließlich war die Erfindung des Insektenschutzmittels zu dieser Zeit nur ein schwaches Schimmern am Horizont. Eines war klar: Es konnte nur entweder Gott oder der Teufel hinter den Vorgängen stecken. Also richtete man an Gott Bitten und an den Teufel Beschwörungen.

Hin und wieder fuhren Kleriker bei diesen Tierprozessen sogar zweigleisig. So wurde einerseits versucht, die Schädlinge zu exkommunizieren, also sie dem Teufel zu überantworten, oder einen Exorzismus vorzunehmen, also eine Bannformel auszusprechen, die den Teufel vertreiben sollte. Für dieses vermeintlich irrationale Vorgehen gab es Gründe.

In der Zeit, in der Tierprozesse ihre Hochphase erreichten, deuten viele Quellen auf eine deutliche Zunahme an Weltuntergangsfantasien in der Bevölkerung hin. Vielleicht war es die Klimaveränderung, die ihren Teil dazu beitrug und die sozialen Spannungen in der Bevölkerung noch verschärfte.

So sind die Tierprozesse ein aus heutiger Sicht absurd anmutender Versuch der Kirche, Handlungsfähigkeit im Angesicht des Chaos zu simulieren, aber auch Verantwortung von sich zu weisen. Im Zweifel war der Teufel schuld. Und seine Holzwürmer.

10. BEHEIMATET UND ERLÖSEND

Ganz selten hat sich das kirchliche Lehramt mit dem Teufel beschäftigt und die wenigen Aussagen, die es gibt, behandeln nie die Frage nach seiner Existenz. Das letzte ausführliche Dokument des Vatikans zu diesem Thema stammt aus dem Jahr 1975. Vonseiten der evangelischen Kirche gibt es überhaupt keine offiziellen Stellungnahmen. Bis heute gilt jedenfalls als unumstößlich, dass der Teufel existiert. Diese Einstellung hatte bereits lange vor Luther und vor der Trennung von orthodoxer und römischer Kirche Bestand. Es lässt sich sagen: Unbestreitbare Tatsachen müssen nicht noch einmal extra festgehalten werden. Die gesamte Christenheit glaubt daran.

Auch wenn man sich bezüglich der Existenz des Teufels einig ist, so gehen die Meinungen auseinander, sobald es um die Hölle als Heimstatt des Teufels und der Dämonen geht. Auch über ihre Beschaffenheit gibt es verschiedenste Vorstellungen. Als gesichert gilt, dass die Vorstellung von einem festen Ort für den Teufel, an dem die Menschen bis in Ewigkeit unsäglichen Qualen ausgesetzt sind, irgendwann im 7. Jh. derart verbreitet war, dass sie in den Koran aufgenommen wurde. »Siehe«, liest man in der vierten Sure des heiligen Buches des Islam, »wer da unsere Zeichen verleugnet, den werden wir im Feuer brennen lassen. Sooft ihre Haut gar ist, geben wir ihnen eine andre Haut, damit sie die Strafe noch mehr erleiden.«

EWIGE HÖLLENSTRAFEN

Die Hölle wird als Ort der Strafe imaginiert, sie wimmelt von Teufeln und Dämonen, welche die verdammten Seelen mit Dreizack, Peitsche und vor allem mit viel Feuer quälen, je nach Schwere der zu Lebzeiten begangenen Sünden. Diese Vorstellung übernimmt, wie wir gesehen haben, ältere Traditionsstränge und Elemente aus der altorientalischen, griechisch-römischen Welt, obwohl sie letztendlich eine Erfindung des Mittelalters ist. Die moralischen Vorstellungen des Mittelalters gründeten stark in der Ethik des Aristoteles, genauer gesagt, in deren christlicher Rezeption. Demnach lebten und litten die wie Menschen ausschauenden und in einem leidensfähigen Körper gefangenen Seelen in sogenannten Höllenkreisen, die immer tiefer in die Erde eingegraben waren. Die lateinische Bezeichnung deutet auf diesen verborgenen Ort hin: *infernum* bedeutet »unter der Erde befindlich«, »unterirdisch«, »zur Unterwelt gehörig«. Erst im späten Latein kam die heute geläufige Bedeutung »Hölle« hinzu. Unser deutsches Wort »Hölle« geht auf die germanische Wurzel *hel* / *hal* zurück, was »verbergen« bedeutet. Am deutlichsten ist diese Bedeutung noch im Englischen *hell* nachzuempfinden.

Dass die Seelen nach dem Tod irgendwo im Inneren der Erde verweilen, war schon den Ägyptern, später den Griechen, den Römern und auch den Juden geläufig. Insbesondere bei den Griechen und Römern handelte es sich um einen physischen, realen Ort, der auch für die Lebenden fassbar war, wenngleich die Zugänge schwer erreichbar und voller Hindernisse waren. Grundsätzlich war in der griechisch-römischen Religion dieser unterirdische Ort zunächst neutral. Die Vorstellung, dass im *tartarus* die Seele der Bösen bestraft und im *elysium* die Seelen der tugendhaften Menschen belohnt werden, entwickelte sich erst später. Der römische Dichter Vergil beschreibt dies ausführlich in seiner *Aeneis*, einem Poem über die Gründung Roms.

Aus der hebräischen *scheol* – einem Ort, an dem die Seelen der Toten ein Schattendasein verbringen – entwickelt sich später die christliche Hölle als Ort der Dunkelheit, der Folter und Marter durch Dämonen. Die Strafen an sich wären schon ausreichend, doch sind sie umso schwerer zu ertragen, da man aus den Tiefen der Hölle die Seelen der Heiligen im Paradies sehen kann. Und so wie die Seligkeit ewig währte, wurde als Parallele die Strafe in der Hölle als ewige Verdammnis verstanden. Eine besonders interessante Entwicklung gab es bereits in den ersten Jahrhunderten des Christentums: Einige christliche Lehrer, die von der unendlichen Barmherzigkeit Gottes überzeugt waren, entwarfen die Idee, dass irgendwann am Ende der Zeiten alle verdammten Seelen und sogar die Teufel und Dämonen erlöst werden würden. Eine solch revolutionäre Idee, die mit dem Begriff *apokatástasis* benannt wird, wurde jedoch bald wieder verworfen. Das Zweite Konzil von Konstantinopel im Jahr 553 sprach sich für die ewige Dauer der höllischen Bestrafung aus. Wahrscheinlich fürchtete man, dass eine Hoffnung auf Rettung aus Gottesgnade die Gefahr barg, die Gefügigkeit der Christen gegenüber ihren Hirten unweigerlich zu untergraben.

Anderseits war es beinahe unmöglich, alle Glaubenssätze und moralischen Vorschriften der Kirche zu kennen, geschweige denn sie auch einzuhalten. Vor allem in Predigten und Katechesen waren Hölle, Teufel und ewige Strafe ein probates Mittel, um die Gläubigen einzuschüchtern und christlich zu erziehen. Aus diesen Gründen befand man sich im Hochmittelalter in der sonderbaren Situation, dass die Hölle ein vollkommen überfüllter Ort war, das Paradies hingegen noch reichlich Platz hatte – dorthin gelangten nur die echten Heiligen und die Märtyrer. Als Kehrseite davon, dass die Strafe so unvermeidbar erschien, begann allerdings die Androhung des ewigen Feuers langsam an Wirkkraft zu verlieren. Das, gepaart mit dem chronischen Geldmangel der Päpste, führte gegen Ende des 11. Jh. zu einer erstaunlichen Entwicklung, die den Wirkungsbereich des Teufels und seiner Helfer plötzlich deutlich erweiterte.

DER ORT DER LÄUTERUNG

Es ist eine alte Vorstellung, dass es nach dem Tod für die Seele nicht nur Seligkeit im Himmel, sondern möglicherweise auch ewige Verderbnis in der Hölle geben könnte. In den Katakomben Roms hat man Inschriften aus dem 2. Jh. n. Chr. entdeckt, die Gebete für die Seelen der Toten belegen. Mehrere

Kirchenväter schwören außerdem auf die Wirksamkeit eines Gottesdienstes mit Eucharistie, um den Toten aus ihrer peinlichen Lage zu helfen. Im 2. und 3. Jh. n. Chr. sind Clemens und vor allem Origenes, sein bester Schüler in der Gemeinde von Alexandrien, fest davon überzeugt, dass nach dem Tod die Möglichkeit besteht, die im Leben begangenen Sünden durch einen Läuterungsprozess zu sühnen. Sühne meint hier eine Strafe, die mithilfe von Feuer vollzogen wird. Ihnen schwebte natürlich kein richtiges Feuer vor, trotzdem sprachen sie von furchtbaren Schmerzen und unerträglichen Leiden der Seelen bei dieser Form der Bestrafung. Obwohl auch andere wichtige Persönlichkeiten des frühen Christentums – wie beispielsweise Tertullian, Johannes Chrysostomos und Augustinus, der von Strafen, Dämonen, Teufeln und sündhaften Menschen besonders fasziniert war – eine ähnliche Meinung vertraten, dauerte es vergleichsweise lang, bis sich die Vorstellung eines solchen »Zwischenortes« für die Seelen der Menschen, die nicht böse genug für eine direkte Fahrt in die Hölle waren, durchsetzen konnte. Dieser Ort trug bald den lateinischen Namen *Purgatorium*, wörtlich »Ort des Feuers« (*pûr* auf Griechisch bedeutet Feuer). Bald schon kam ihm eine weitere Bedeutung zu: Im übertragenen Sinn ist es ein »Ort der Läuterung« (vom lateinischen Wort *purga*). Doch das Konzept kam lange Zeit nicht zum Tragen, weil die frühen Christen fest an eine baldige Wiederkunft Jesu und somit an das Ende der Welt glaubten. Ein »Warteraum« wie das Fegefeuer – wie man auf Deutsch sinngemäß das Purgatorium bezeichnet – war zu dieser Zeit obsolet.

Wesentlichen Anteil an der Entwicklung des Fegefeuer-Gedankens hatte die Erzählung von der »Leidensgeschichte der heiligen Perpetua und Felicitas«. In der Erzählung sitzt die fromme Frau während einer Christenverfolgung zusammen mit ihrer Gefährtin Felicitas im Gefängnis und wird gefoltert. Ihre Peiniger wollen von ihr erwirken, dass sie dem christlichen Glauben abschwört. Vergebens. Eines Tages hat Perpetua in ihrer Zelle eine Vision: Sie sieht eine Person an einem düsteren Ort stehen und erkennt in ihr ihren jüngeren Bruder Dinokrates, der als kleines Kind durch eine Krankheit gestorben war. Der Siebenjährige, so heißt es, »war ausgedörrt und sehr durstig, hatte ein schmutziges Gesicht, war blass und hatte die Wunde im Gesicht, die er hatte, als er starb.« Für Perpetua ist der Anblick ihres dürstenden Bruders noch unerträglicher, da sie in ihrer Vision sehen kann, dass es ein mit Wasser gefülltes Becken gibt, dessen Rand ihr Bruder aber aufgrund seiner Statur nicht erreichen kann. So sehr er sich müht und plagt, er kann nicht aus dem Becken trinken. Die Schwester beginnt für Dinokrates zu beten und gibt ihr eigenes Leid für seine Rettung hin. Nach einigen Tagen hat sie erneut eine Vision: »Schließlich […] wurde mir dies gezeigt: Ich sah, dass der Ort, den ich zuvor in Finsternis gesehen hatte, nun hell war. Dinokrates, mit einem sauberen Körper, gut gekleidet, fand Erfrischung. Wo eine Wunde gewesen war, sah ich eine Narbe. Das Becken, das ich zuvor gesehen hatte, sah ich jetzt mit dem Rand bis zum Nabel des Jungen gesenkt. Jemand schöpfte unablässig Wasser aus dem Becken und am Rand stand ein mit

Wasser gefüllter Kelch. Dinokrates trat heran und begann daraus zu trinken, und der Kelch leerte sich nie.« (*Passio sanctarum Perpetuae et Felicitatis* 7–8) Der kleine Dinokrates, offensichtlich dank der schwesterlichen Gebete aus dem düsteren Ort seiner Läuterung befreit, spielt fröhlich beim Wasser.

Ein halbes Jahrhundert nach der Legende der heiligen Perpetua hatte sich der düstere Ort der Strafe maßgeblich verändert: Am Ende des 6. Jh. fasste Papst Gregor der Große die Meinung der Theologen seiner Zeit zusammen: »Wenn es um niedrigere Sünde geht, müssen wir glauben, dass es vor dem Jüngsten Gericht ein reinigendes Feuer gibt.« (*Dialogen*, 4) Doch selbst diese Theologen aus der Frühzeit der Kirche stellten sich jenen Ort der Reinigung nicht als konkrete Sphäre, sondern mehr als einen spirituellen Zustand vor.

DAS FEGEFEUER GLÜHT

Springen wir von der frühchristlichen Zeit einmal mehr ins Mittelalter. Der heute noch bekannte Ruf, »Sobald das Geld im Kasten klingt, die Seele in den Himmel springt!«, wird dem Dominikanermönch und damals sehr bekannten Ablassprediger Johann Tetzel zugeschrieben. Er soll ihn mehrfach in Predigten gebraucht haben, um die frommen Zuhörerinnen und Zuhörer davon zu überzeugen, mit barem Geld das Heil von verstorbenen Verwandten und Freunden – beziehungsweise deren Seelen – in Form von Ablassbriefen zu kaufen. Hintergrund: Der Papst war in Rom beinahe bankrottgegangen und hatte die Rechnungen für den Neubau des Petersdoms und den Sold für seine Söldner nicht begleichen können. Im Verkauf von Ablässen fanden er und mehrere Bischöfe, die einen kostspieligen Lebensstil pflegten, eine beinahe nicht versiegende Einnahmequelle. Ein sogenannter Ablassbrief war nichts anderes als eine offizielle, gesegnete und mit einem Siegel versehene Bestätigung über die Löschung einer Sünde (und damit verbunden natürlich dem Erlass der Strafe). Er war nur gültig für die eine bestimmte Seele, für die der Ablass gekauft worden war. Ein derartiges Konzept war wohl deswegen denkbar, weil sich zwischen 1170 und 1200 die Vorstellung durchgesetzt hatte, das Fegefeuer sei ein physischer Ort, an dem die Seelen der dorthin geschickten Verstorbenen von Dämonen – und manchmal auch von Engeln – gequält wurden. Der Ort war anders als im frühen Christentum inzwischen konkretisiert und konnte dementsprechend präzise lokalisiert werden. Weltkarten mittelalterlicher Geografen zeigen, dass der Eingang zum Fegefeuer mit Höhlen oder mit dem Vulkan Ätna in Sizilien identifiziert wurde. So sind beispielsweise einige Höhlen in der Nähe von Jerusalem verzeichnet. Das Fegefeuer des heiligen Patrick soll über eine Höhle auf einer abgelegenen Insel Irlands zugänglich (gewesen) sein.

Die Vorstellung vom Fegefeuer als Berg beflügelte später die Fantasie von Dante Alighieri, der zu Beginn des 14. Jh. die bis dato vollständigste und ausdifferenzierteste Darstellung eines Fegefeuers erdichtete. Der Berg des Purgatoriums bestand für ihn aus einem Material, das der Schlucht entstammte, in die der Teufel vom Himmel hinabgestürzt war. Für Dante lagen rund um diesen Berg sieben kreisförmige, übereinander angeordnete Schichten. Auf ihrem Weg zum Gipfel wurden die Seelen gereinigt, bis sie den Eingang des Paradieses erreichten.

Die Kirche hatte kurz zuvor im Zweiten Konzil von Lyon 1274 den Spekulationen über die Existenz dieses Ortes für immer ein Ende bereitet. Sie erklärte, dass es Seelen gebe, die nach dem Tod in einen Läuterungsprozess eintreten, und dass diese Seelen von den Gebeten und frommen Werken der Lebenden profitieren. Ab diesem Zeitpunkt waren der Fantasie von Priestern, Mönchen und Nonnen keine Grenzen mehr gesetzt. Die offiziellen Äußerungen des Lehramtes waren zwar recht vorsichtig formuliert, doch schon kurz darauf begannen viele fromme Menschen von Visionen zu erzählen, in denen sie die Seelen der im Fegefeuer Verweilenden gesehen hätten. Das Fegefeuer entwickelte sich zu einer Art »Hölle-light«. Die Teufel wüteten darin und bestraften die sündigen Menschen mit allen Arten von Folter und grausamen Qualen. Wie in der Hölle gab es verschiedenen Darstellungen zufolge auch im Fegefeuer eine Hierarchie der Dämonen.

Durch eine Darstellung in einem Manuskript der *Legenda Aurea* – einer Schrift, die ab dem 13. Jh. mit ihren 182 Traktaten über Heilige und religiöse Feste die christliche Frömmigkeit sehr stark beeinflusste – lässt sich erahnen, wie sich die Menschen damals das Fegefeuer vorstellten: Hinter einer

Wand aus lodernden roten Flammen sind sechs blonde Männer mit lockigen Haaren zu erkennen, vier von ihnen beten kniend, einer liegt am Boden und der letzte wird von einem schwarzbehaarten Dämon an den Haaren gezogen. Im Gegensatz zum Dämon, dessen Gesicht eine schrecklich lachende Fratze zeichnet, sehen die gepeinigten Menschen verunsichert, eingeschüchtert und verängstigt aus.

Den Dämonen wurde nun eine sehr wichtige Funktion im Kontext der christlichen Erlösungslehre zugeschrieben: Plötzlich waren sie dafür zuständig, Seelen zu läutern und zu reinigen, damit sie irgendwann in den Himmel gelangten, also den Sprung ins Paradies schafften. Damit wirkte der Teufel faktisch an der Heilsgeschichte mit, auch wenn keiner der damaligen Theologen dies explizit so formulierte.

Unangefochten und immer differenzierter wurde an der strafenden und peinigenden Funktion des Fegefeuers gearbeitet, zumindest bis Luther sie in seinem Kampf gegen den Ablasshandel mit Entschiedenheit zurückwies und stattdessen die Vorstellung vom Heil als Gnadenakt Gottes entwarf. Bekanntermaßen wurde Luthers Ansatz von der römisch-katholischen Kirche seiner Zeit verworfen. Seinen Überlegungen wurde die Vorstellung des Fegefeuers, wenn auch gegenüber den furchterregenden Fantasievorstellungen des Spätmittelalters in etwas abgeschwächter Form, entgegengestellt. Diese Vorstellung wurde mit einem eigenen, während des Konzils von Trient ad hoc verfassten Dekret vom 3. Dezember 1563 (*Decretum de purgatorio*) endgültig bestätigt.

Auch der 22. Artikel der Anglikanischen Kirche, der 1571 von Königin Elisabeth I. feierlich unterzeichnet wurde und der zusammen mit 38 weiteren Artikeln heute noch als Lehrgrundlage der *Church of England* gilt, beschäftigt sich mit dem katholischen Fegefeuer. In guter protestantischer Tradition findet er wenig schmeichelhafte Worte: »Die Lehre der römischen Kirche vom Fegefeuer [...] ist eine nichtige und eitel erdichtete Sache und gründet sich auf keine Zeugnisse der Schrift, sie widerstreitet vielmehr dem Worte Gottes.«

Das Fegefeuer als Ort einer reinigenden Bestrafung jener Seelen, die noch nicht reif für eine Aufnahme ins Paradies sind, ist heute eine rein katholische Vorstellung. Andere christliche Kirchen messen ihr entweder keine große (orthodoxe Kirche) oder gar keine Bedeutung (protestantische Tradition) zu. Durch das gesamte Mittelalter und die Frühe Neuzeit hindurch sind die Darstellungen des Fegefeuers gespickt mit nackten und gequälten Menschen, die danach streben, den Flammen zu entkommen. Das Feuer galt bereits in vielen Kulturen der Antike als Symbol für Reinigung, doch als es zu einem wesentlichen und unverzichtbaren Teil des christlichen Purgatoriums wurde, war schnell klar, in wessen Zuständigkeit das Feuer und die Läuterung der Seelen fallen musste: in die des Teufels. Er und seine Dämonen bekamen in der Volksfrömmigkeit mit einer absoluten Gewissheit ein ganz neues Arbeitsfeld und eine erstaunliche Verantwortung zugeschrieben, die ihm später von offizieller Seite der Kirche entschieden abgesprochen wurde: Der Teufel war jahrhundertelang nicht nur im Fegefeuer daheim, sondern auch für das endgültige Heil von nicht paradiesreifen Seelen zuständig. Die Heiligen und die Jungfrau Maria konnten nur als Fürsprecher agieren und die peinigenden Schmerzen der Seelen ein wenig lindern. Allmächtig stand über ihnen der Teufel.

NICHT IM DETAIL, SONDERN IM MENSCHEN – EIN ABSCHLUSSGESPRÄCH

SEBASTIAN HUNCKE (HISTORIKER) UND SIMONE PAGANINI (THEOLOGE) ÜBER DEN TEUFEL IN DER GEGENWART

In zehn Kapiteln haben wir versucht, uns diesen Fragen anzunähern und wollen nun gemeinsam versuchen, den Bogen bis in die heutige Gesellschaft zu schlagen.

Simone Paganini: Ich beobachte: Als Projektionsfläche oder als einfache Erklärung für persönliche und gesellschaftliche Probleme oder Herausforderungen ist der Teufel noch immer in unserer westlichen Welt gegenwärtig. Ich als Theologe sehe in der Erfindung des Teufels einen billigen Trick, der uns hilft, die Existenz des Bösen in der Welt zu erklären. Für gläubige Menschen stellen gesellschaftliche Krisensituationen natürlich die Güte Gottes in Frage. Das Theodizee-Problem – also das Problem, wie man das Böse erklärt, wenn man davon ausgeht, dass Gott gut ist – ist in der Tat trotz vieler theologischer Versuche immer noch ungelöst. Aber einfach ein böses Prinzip anzunehmen, das sich in unerklärlicher Weise gegen den nur als gut geltenden Gott stellt, ist theologisch sehr problematisch. Die Figur des Teufels löst kein einziges theologisches Problem. Im Gegenteil, man sah sich gezwungen zu erklären, wieso dieser selbstredend gute Gott überhaupt so etwas wie den Teufel erlaubt. Erklärungen dafür wurden zur Genüge gefunden, doch am Ende bleibt immer ein seltsam anmutendes Gottesbild.

Religionsgeschichtlich ist die Existenz eines Teufels für mich völlig nachvollziehbar. Allerdings finde ich die Vorstellung, die in der hebräischen Bibel sehr gut belegt ist, viel besser. Gott – wenn er der einzige Gott ist – steht sowohl für das Gute als auch für das Böse. Wir Menschen sollten nicht versuchen, Gott zu ›retten‹, indem wir die Verantwortung für das Böse und das Schlechte einfach an eine andere, nicht-göttliche Gestalt abgeben. Ich denke, dass die christliche Theologie auch ganz gut ohne Teufel auskommt. Man muss Gott und vor allem die Verantwortung des Menschen wieder ernst nehmen.

Sebastian Huncke: Ja, mit dem Teufel wurde eine Figur geschaffen, die man im Laufe der Geschichte für alles Mögliche verantwortlich machen konnte. Für mich persönlich ist klar: Es existiert kein Wesen, das auf Bocksbeinen in der Gegend herumrennt und nach Schwefel riecht. Aber ich bin fest davon überzeugt, dass in der heutigen Gesellschaft, auch hier in Europa, die Vorstellung von etwas Teuflischem nach wie vor fest verankert ist.

Mein Eindruck aus meinem Blick auf die Geschichte ist: Der Teufel hat(te) eine ganz klare Sündenbockfunktion. Das gesellschaftliche Muster sieht meistens vor, dass die Schuld für die Probleme der Gesellschaft auf eine kleine Gruppe von Menschen übertragen wird. Damit dies gelingt, argumentiert in der Mehrheitsgesellschaft eine kleine Gruppe sehr massiv mit den Beschreibungen »gut« und »böse«. Sie kann darauf basierend einen Wertekanon entwickeln und kultivieren. Ein

Problem entsteht – und das ist immer der Fall, wenn mit dem Teufel argumentiert wird –, wenn diese Werte schädlich für die Menschen sind, wenn sie sich auf Angst gründen und in Kombination mit harten Sanktionen durchgesetzt werden. Nehmen wir nur die Katharer, also die sogenannten Ketzer, als Beispiel. Oder später die regional immer wieder aufkommende Verfolgung von Bettlern oder Straßenkindern. Wir haben es immer mit normabweichendem Verhalten zu tun, jedenfalls wird es so empfunden. Dieses Verhalten wurde oft (konstruiert) mit Zauberei in Verbindung gebracht, und Zauberei gehört bekanntlich in die Sphäre des Teufels. Aus dieser angeblichen Verbindung heraus legitimierte man drakonische Strafen. Diese Verkettung führt letztlich dazu, dass die Kommunikation mit diesen stigmatisierten Menschen völlig unterbrochen wird. Mit dem Teufel redet man schließlich nicht. Wenn man als »böse« oder gar »teuflisch« gesehen wird, ist es egal, was man sagt. Da hat jedes Wort das Potenzial, gegen einen verwendet zu werden.

Simone Paganini: Das ist in der Tat erschreckend. Anstatt sie mündig zu machen, versuchten religiöse und auch zivile Autoritäten die Menschen mit der Vorstellung von Teufeln, Dämonen und der Hölle einzuschüchtern. Ein aufgeklärter Glaube, der Gott ernst nimmt, braucht den Teufel nicht. Vielmehr: Wer sich auf seine Machenschaften beruft, um die Probleme der Welt zu erklären, sucht meistens nach einer einfachen Lösung für komplexe Herausforderungen.

Ich glaube, dass auf theologischer Ebene die Einführung des Teufels mehr Probleme verursacht hat, als sie im Endeffekt lösen konnte. Man sieht es schon in der Antike, dass Gesellschaften immer wieder ein Ventil brauchen, um Menschenmassen und Individuen zu beruhigen. Der Glaube an den Teufel half dabei, einige solcher Vorgänge zu rechtfertigen und sie zu etablieren. Darunter haben die Menschen schon immer gelitten.

Sebastian Huncke: Ja, wenn es um Konkurrenz geht, um kulturelle Abwertung von Menschen, Gesellschaften, Religionen, dann wurde immer schon gerne auf den Teufel rekurriert … Meines Erachtens hängt das damit zusammen, dass eine solche Figur stabilisierend wirkt. Teufelsbilder werden auf diejenigen projiziert, die nicht mitmachen. Dadurch aber entsteht ein regelrechter, ja, »Teufelskreis«. Es gibt zahlreiche Beispiele dafür.

Hexenwahn und religiöse Verfolgungen waren genau solche gesellschaftlichen Ventile, von denen du sprichst. Eine Steinigung oder ein Scheiterhaufen zum Beispiel waren Veranstaltungen für die ganze städtische oder dörfliche Gemeinschaft. Im Spätmittelalter lebte man nicht nur in ständiger Angst, einem Dämon zu begegnen, sondern gar als solcher stigmatisiert zu werden. Noch vor wenigen Jahrhunderten hatte dies mitunter tödliche Folgen. Heute landet man nicht mehr auf einem Scheiterhaufen, doch gesellschaftliche Ausgrenzung, z. B., wenn man einer bestimmten ethnischen Gruppe oder Minderheit angehört, ist immer noch sehr aktuell. Ein Shitstorm im

Netz wäre beispielsweise so etwas. Der Teufel wird natürlich nicht genannt, aber die Strukturen und die Vorgänge ähneln sich. Es geht um geregelte Ausbrüche gegen Andersdenkende. Hinrichtungen von Hexen waren nur möglich, weil ein Kollektiv mitgemacht hat, heute im Netz findet man auch wieder solche Kollektive.

Was man heute nicht mehr sieht, ist eine Figur, die alle negativen Eigenschaften in sich vereint. Einen modernen Teufel gibt es heute in diesem Sinne nicht mehr. Eine alles erklärende Figur für das, was in der Gesellschaft nicht funktioniert, die immer zur Rechenschaft gezogen werden kann, fehlt. Das heißt aber nicht, dass sie nie zurückkommen kann, wenngleich sie vielleicht nicht mehr mit dem Begriff »Teufel« identifiziert werden wird …

Simone Paganini: Das sind sehr interessante Überlegungen. Was meinst du: Kann man heute, in unserer vermeintlich so aufgeklärten Gesellschaft, noch vom Teufel reden, ohne sich lächerlich zu machen?

Sebastian Huncke: Nun, in der Zeit der Hexenprozesse war der Teufel eine Antwort auf eine Krise. Diese Rhetorik finden wir auch heute noch, wenn schwierige gesellschaftliche Probleme, wie Kriege oder zuletzt die Corona-Pandemie, mit Gottesstrafen oder mit (teuflischen) Verschwörungstheorien in Verbindung gebracht werden. Das Prinzip funktioniert noch immer, da das alltägliche Leben ideologisch immer noch ziemlich beladen ist. Das ist mitunter ein Grund, wieso die Figur des Teufels gerade in Kreisen mancher Verschwörungstheoretiker so stark präsent ist … Und dies in ihrer ursprünglichen Form, nämlich als Definition für etwas, was einem nicht passt, was man als schlecht und böse versteht, um es abzuwerten.

Vor Kurzem habe ich einen Zeitungsartikel gelesen, in dem Russland mit Mordor, also mit dem Bösen schlechthin in der Sage von *Der Herr der Ringe,* gleichgesetzt wurde. Ich rate von solchen Vergleichen dringend ab! Doch ein solches Verhalten ist nach wie vor präsent und es gibt es natürlich immer auch auf beiden Seiten. Gegner und Rivalen werden verteufelt und damit gebrandmarkt. Es vereinfacht komplexe Sachverhalte, denn nun muss man sich nicht mehr mit objektiven Bewertungen auseinandersetzen. Die Kategorien ›Gut‹ und ›Böse‹ sind bereits klar und werden oft nicht (mehr) hinterfragt. Voraussetzung hierfür ist eine Gesellschaft, die diese Kategorien entweder einfach akzeptiert oder die so aufgebaut ist, dass eine Minderheit das Denken aller anderen derart massiv beeinflussen kann, dass eine andere Meinung nur noch schwer möglich ist.

Als Historiker nehme ich das wahr, es geht mir an dieser Stelle nicht darum, das zu beurteilen.

Simone Paganini: Die Figur des Teufels ins Spiel zu bringen, um persönliche, gesellschaftliche oder auch planetare Probleme zu erklären, ist aus meiner Sicht bestenfalls naiv.

Es handelt sich aber immer um eine Vereinfachung. Daher sollte klar sein, dass es sich bei solchen Zuschreibungen um ein Sprachspiel handelt: Es wird eine ungenaue und undifferenzierte Kategorie wie z. B. »böse« oder »teuflisch« genutzt, weil sie eben unmittelbar verständlich scheint. Ich denke daher, es ist vielleicht nicht lächerlich, vom Teufel zu sprechen, aber meistens ist es banal.

Wenn man hingegen einfache Menschen mutwillig täuschen will, ist die Sache hochgradig fahrlässig. Man kann Menschen damit regelrecht zerstören und sie in tiefe psychische Krisen stürzen. Da muss man sehr aufpassen. Jedenfalls ist die Rede vom Teufel und von Dämonen meiner Meinung nach einfach nicht mehr zeitgemäß.

Ich finde es faszinierend, dass sehr viele Motive und Figuren aus der biblischen Tradition im Laufe der Zeit verloren gegangen sind, nicht aber der Teufel. Von vielen Vorstellungen, die in der Bibel beschrieben werden, hat man sich trennen können, weil sie aus heutiger Sicht Ausdruck von überholten kulturellen und sozialen Gefügen waren. Beispielsweise glaubt heute niemand mehr, dass die Erde eine Scheibe ist und sich um die Sonne dreht, oder dass die gesamte Menschheit aus einem einzigen Paar entstand oder dass Jesus als Mensch auf dem Wasser gehen konnte. Doch den Teufel gibt es immer noch in den Köpfen einiger Menschen und kirchlicher Würdenträger. Natürlich wird er in der Bibel erwähnt, aber es ist auch innerbiblisch völlig klar, dass es sich um eine fiktive Figur handelt. Es wäre daher meiner Ansicht nach höchste Zeit, sich auch vom Teufel zu verabschieden.

Sebastian Huncke: Das ist eine starke These. Als Teufel und Dämonen irgendwann Ende der 1960er-Jahre in der Pop-Kultur ankamen, hatten die Menschen keine Angst und der Teufel war auch nichts Lächerliches. Im Gegenteil, im Vordergrund stand die große Freiheit, die mit dem Teufel verbunden war. Das war auch schon im Mittelalter und in der Frühen Neuzeit so. Ein Teufelspakt befreite zunächst von den gesellschaftlichen und religiösen Konventionen. Er eröffnete ungeahnte Möglichkeiten, wurde aber gefährlich, wenn zum Beispiel die kirchliche Autorität davon erfuhr, die die sozialen Gefüge der Gesellschaft aufrechtzuerhalten versuchte. Ab den 1960er-Jahren entstanden hingegen Kollektive, die diese Figur des absolut Bösen metaphorisch verherrlichten.

Deswegen glaube ich, es ist nicht an der Zeit, den Teufel zu verabschieden, sondern ihn wissenschaftlich aufzuklären. Vielleicht bräuchte es eine Art Studienfach der Dämonologie.

Simone Paganini: Uff. – Ich denke, ein solches Fach könnte dann sinnvoll sein, wenn man darin eben solche historischen Vorgänge analysiert und erklärt, wie du es immer wieder tust. Es gab und es gibt Menschen, die in Bezugnahme auf den Teufel die Gesellschaft ihrer Zeit geprägt haben. Das lässt sich untersuchen. Und wenn man ein historisch-soziologisches Interesse hat, ist die Sache definitiv spannend. Es ist auch spannend, die Welt dieser Menschen zu rekonstruieren. Was haben sie gedacht? Wie haben sie gelebt? Was haben sie getan? Wie hat eine derartige religiöse Einstellung ihre Weltanschauung beeinflusst? Auch historische Beschwörungsformeln oder Teufelspakte kann man literarisch kritisch untersuchen. Das ist durchaus interessant und bringt einen großen Erkenntnisgewinn. Wenn man aber mit Dämonologie die Analyse der Organisation der Hölle und die Darstellung der dämonischen Hierarchien meint, machen wir uns lächerlich.

Sebastian Huncke: Klar. Die Dämonologie hängt mit der historischen Debatte über die Natur des Bösen zusammen. Außerdem kann man mit ihr auch die politischen Hintergründe über z. B. Hexenjagden oder satanische kollektive Phänomene erörtern. Man kann aber auch kulturelle und biologische Phänomene beschreiben, wie man z. B. die Tierwelt in Zusammenhang mit dem Teufel wahrnahm. Eigentlich hängt ziemlich viel Sozialgeschichte mit dämonologischen Fragestellungen zusammen – auch, wenn der Teufel nicht explizit genannt wird. Vielleicht kann man sogar so weit gehen und die Dämonologie als Symbolpolitik bezeichnen. Darüber hinaus geht es um historische Anekdoten und Vorgänge, die man vergleichend mit der heutigen Gesellschaft in Verbindung bringen kann und deren Strukturen sich herausarbeiten lassen. So lässt sich beschreiben, was vor ein paar Jahrhunderten noch »Teufel« war und was heute nicht mehr »Teufel« genannt wird, aber ähnliche Muster aufweist. Wir bräuchten also eine Neuere und Neueste Dämonologie.

Simone Paganini: Ja, wenn überhaupt, sollte ein Fach der Dämonologie den Fokus auf die Menschen, die den Teufel gedacht haben, legen. So verstanden wäre sie sogar ein sinnvoller Teil der Theologie.

Sebastian Huncke: Eine etwas »ketzerische« Frage zum Schluss: Wir haben versucht, unterschiedliche Facetten und Eigenschaften des Teufels herauszuarbeiten. Welche ist deine Lieblingseigenschaft?

Simone Paganini: Oh [lacht], nun, ich habe bis jetzt zu erklären versucht, dass es meiner Meinung nach keinen Teufel gibt. Jetzt von wirklichen Eigenschaften zu reden, fällt mir tatsächlich schwer. Wenn ich mich entscheiden muss, möchte ich eine Eigenschaft nennen, die im Buch nicht vorkommt: Seine Unsichtbarkeit oder besser gar seine Wesenlosigkeit. … Ja, in der Tat, Wesenlosigkeit wäre sogar eine sehr gute, wenn ich so darüber nachdenke.

Sebastian Huncke: Ich habe an etwas Ähnliches gedacht: Der Teufel ist im Prinzip nicht Gott. Er kann nichts aus dem Nichts erschaffen. Das ist auch den Autoren des *Hexenhammers* klar. Er kann aber aus dem, was es gibt, alles machen und er kann alles werden. Das ist das Faszinierende. Er kann anwesend und gleichzeitig abwesend sein; er kann etwas und gleichzeitig nichts sein … Das ist vielleicht genau das, was vielen Menschen Angst macht. Der Teufel steht hier für mich für die Urangst des Menschen vor dem Uneindeutigen. Wir Menschen wollen am liebsten immer genau wissen, womit wir es zu tun haben. Die Motive des Teufels aber sind nebulös. Es gibt keinen Vorschriftenkatalog, sein Metier liegt in den Versuchungen, Wünschen, Regelüberschreitungen und ungewöhnlichen Mischverhältnissen. Er ist vollkommen unberechenbar, und das macht Angst.

ZUM WEITERLESEN

Die Sekundärliteratur zu Teufel und Dämonen ist beinahe unüberschaubar. Um die Lesbarkeit des Textes zu erleichtern, haben wir bewusst auf Fußnoten verzichtet. Wenn Sie das Thema vertiefen möchten, empfehlen wir folgende Titel:

Boureau, Alain: *Satan der Ketzer: Die Geburt der Dämonologie im mittelalterlichen Westen*, Chicago: University of Chicago Press, 2006.
Ein bedeutendes Werk, das sich mit der Entwicklung der historischen, theologischen und sozialen Faktoren befasst, die zur Entstehung und Verbreitung der Vorstellung von Teufel und Dämonen im mittelalterlichen Europa beigetragen haben.

Di Nola, Alfonso: *Der Teufel. Wesen, Wirkung, Geschichte,* München: dtv, 1993.
Eine etwas ältere enzyklopädische Abhandlung zum Teufel in den Religionen der antiken und der modernen Welt. Eine saubere Darstellung mit vielen geordneten Quellen und wenigen Interpretationen.

Flasch, Kurt: *Der Teufel und seine Engel. Die neue Biographie,* München: Beck, 2015.
Trotz des Titels handelt es sich nicht um eine Biografie. Dem Autor sind vielmehr die Darstellung der großen geschichtlichen Differenziertheit der Teufelsvorstellungen wichtig und das Erkennen seiner Präsenz im Denken und Glauben der einfachen Menschen sowie in den Überlegungen der großen Denker der letzten beiden Jahrhunderte.

Hartlieb, Johannes: *Das Buch der verbotenen Künste. Aberglaube und Zauberei des Mittelalters,* München: Diederichs 1998.
Dieses Buch aus Diederichs Gelber Reihe ist eine sehr gut aufbereitete, kommentierte Übersetzung des mittelalterlichen Klassikers. Hier finden sich der originale mittelhochdeutsche Text und die Übersetzung. Dazu gibt es Kommentare zur Entstehungszeit, den Autor und zu Hartliebs Rezept für eine Hexensalbe.

Metzger, Paul: *Der Teufel,* Wiesbaden: Marixverlag, 2012.
Eine Vorlesung zum Teufel, seinem Ursprung in der Bibel und seiner Rolle in der Geschichte der Kirche, mit einem Ausblick zur Gegenwart in Film, Literatur und Popmusik. Systematisch und synthetisch.

Neumann, Almut: *Verträge und Pakte mit dem Teufel. Antike und mittelalterliche Vorstellungen im »Malleus maleficarum«*, St. Ingbert: Röhrig 1997.
Hier werden sehr quellennah die diversen Abmachungsformen untersucht, die man mit dem Teufel treffen kann.

Petzoldt, Leander: *Magie. Weltbild, Praktiken, Rituale*, München: Beck, 2011. Dieses Buch aus der Beck'schen Reihe bietet einen sehr guten Einblick in das magische Weltbild von der Antike bis in die Moderne. Es werden zentrale magische Werke und Zauberbücher genannt und der Autor beschreibt aus der wissenschaftlichen Perspektive zahlreiche magische Praktiken und Rituale.

Roling, Bernd, *Drachen und Sirenen. Die Rationalisierung und Abwicklung der Mythologie an den europäischen Universitäten*, Leiden, Boston: Brill 2010.
Dieses Buch gleicht vom Format her einem Ziegelstein. Hier werden zahlreiche Wesen wie Drachen, Giganten und Meerjungfrauen beschrieben – sowohl aus der Sichtweise mittelalterlicher als auch frühneuzeitlicher Gelehrter. Roling beschreibt sehr anschaulich, wie sich der mythologisch-naturkundliche Ansatz langsam zu rationalisieren beginnt.

Russell, Jeffrey Burton: *Biographie des Teufels: das radikal Böse und die Macht des Guten in der Welt,* Wien: Böhlau, 2000. Mit großer Ausführlichkeit wird die Entwicklung der Vorstellung des Teufels von den biblischen Ursprüngen über Mittelalter und Reformation bis zur Gegenwart dargestellt und wie trotz der Macht des Bösen weiterhin die Figur eines guten Gottes aufrechterhalten werden kann.

DIE AUTOREN

Simone Paganini, geb. 1972 in Italien. Professor für Biblische Theologie an der RWTH-Aachen. Er ist Autor zahlreicher wissenschaftlicher und populärwissenschaftlicher Bücher, unter anderem über Fake News in der Bibel und die biblischen Einflüsse in der Star Wars-Saga. Auch auf Science Slams begeisterte er schon ein großes Publikum.

Sebastian Huncke, geb. 1981 in Ostwestfalen, studierte Geschichte, Deutsche Philologie und Philosophie in Münster. Er moderierte das Wissensmagazin TM Wissen auf Servus-TV und war lange als Science-Slammer unterwegs. Neben seiner Tätigkeit in der Erwachsenenbildung schreibt er Bücher über skurril anmutende Glaubenssysteme oder historische Kuriositäten wie Tierverwandlungen oder die Vergöttlichung von Kokosnüssen.

DER ZEICHNER

Christian Wischnewski, geb. 1984 in Vorpommern, ist studierter Grafiker, freiberuflicher Illustrator, freischaffender Künstler und Berufskraftfahrer. Nach Zwischenstationen in Münster und Berlin lebt und arbeitet er wieder auf der Insel Usedom.